e , Histoire R maine, de Mythologie et de Géographie; ornée de 72 portraits en taille-douce, au nombre desquels se trouve celui de sa Majesté l'Empereur et Roi, à l'usage des maisons d'éducation, 2 vol. in-12. 5

Le Petit Géographe de sept ans, par C.-C. Le Tellier. Prix : 50 c.

Ouvrages composés ou rédigés par M. Pierre BLANCHARD.

Buffon (le) de la Jeunesse, ou Abrégé de l'Histoire des trois règnes de la nature; à l'usage des Jeunes Gens de l'un et l'autre sexe, 5 vol. in-12, ornés de 57 planches; quatrième édition. 15

Cet ouvrage convient non-seulement aux jeunes gens, mais encore aux personnes qui veulent prendre des notions d'histoire naturelle. Il comprend depuis le système de l'univers jusqu'à la description du ciron, c'est-à-dire qu'il embrasse toute la nature; et si les bornes que l'auteur s'est prescrites ne lui ont pas toujours permis d'entrer dans des détails, il n'y a, au moins, rien d'essentiel d'oublié. Ce qui doit donner un nouveau prix à ce livre, c'est que l'on y retrouve presque tous les beaux morceaux que l'on remarque dans l'histoire naturelle de Buffon.

Le Buffon des Enfans, ou petite Histoire Naturelle des quadrupèdes, des oiseaux, des poissons, des amphibies, des insectes, etc.; orné de 16 planches gravées en taille-douce. 2 50

à cette troisième édition
volume de la première; mais, ne voulant point augmenter le prix de cet ouvrage, nous avons fait agrandir la justification des pages et ajouter plusieurs feuilles à chaque volume; de manière que le nombre des volumes et le prix restent les mêmes.

Mythologie de la Jeunesse, ouvrage élémentaire, par demandes et par réponses, 2 vol. in-12, ornés de 131 figures, septième édition. 5

Cette mythologie, adoptée dans presque toutes les maisons d'éducation, est trop généralement connue pour qu'il soit nécessaire d'en parler ici. Nous ferons seulement une observation à son sujet. Un journaliste, poussé par quelques personnes qui veulent me nuire, après avoir déchiré tous les ouvrages de M. Blanchard, sans doute parce qu'ils ont réussi, s'est avisé de dire qu'ils n'avaient pas eu le nombre d'éditions désigné sur les frontispices; que ce n'était toujours que les premières que l'on avait bien de la peine à vendre, et que l'on faisait reparaître avec de nouveaux titres qui annonçaient des deuxième, des troisième, des quatrième, des cinquième éditions. Voilà où la mauvaise foi réduit les hommes. Si j'avais eu affaire à des gens abusés, je me serais contenté de leur montrer un exemplaire de chaque édition, et à la vue des corrections et des additions qui ont été faites successivement, ils eussent été tirés d'erreur et se seraient rétractés; mais avec les gens qui veulent faire le mal, il n'en est pas de même : ils savent parfaitement qu'ils mentent, mais ils savent aussi que ce mensonge vous nuira, et ils ne se rétractent point.

Mythologie élémentaire, à l'usage des écoles et pensions, ornée de 16 planches grav. en taille-douce, quatrième édition, 1 vol. in-12. 2 50

LES VRAIS
PRINCIPES
DE LA LECTURE,
DE L'ORTOGRAPHE
ET DE LA PRONONCIATION
FRANÇOISE.

De feu M{{r}}. VIARD.

Revus et augmentés par M. LUNEAU DE BOIS-GERMAIN.

OUVRAGE utile aux Enfans, qu'il conduit, par degrés, de l'Alphabet à la connoissance des régles de la Prononciation, de l'Ortographe, de la Ponctuation, de la Grammaire et de la Prosodie Françoise : principalement destiné aux Étrangers auxquels on s'est proposé d'abréger l'étude de notre langue, et généralement adopté dans toutes les écoles de France.

A AVIGNON,

Chez HYPOLITE OFFRAY, Imprimeur-Libraire, Place St. Didier.

1811.

INSTRUCTION

Pour les Personnes qui enseignent à lire.

O N ne s'est pas assez appliqué jusqu'ici à faire connaître aux enfans ce que chaque lettre est en elle-même. La première attention que l'on doit avoir, c'est de déterminer le son propre à chaque lettre. On leur a donné ici une dénomination particulière, afin de mieux faire sentir l'inflexion de voix que chaque lettre exige, et qui la distingue d'une autre lettre à laquelle elle seroit unie.

On a mis à côté de chaque consonne de l'alphabet romain, le son simple ou double qu'elle doit avoir.

La dénomination qu'on a donné aux consonnes n'est pas une nouveauté ; elle est établie depuis long-temps par la Grammaire de Port-Royal et par plusieurs autres bons ouvrages de ce genre.

A 2

Jusqu'ici, pour nommer les lettres F, H, L, M, N, R, S, X, on a fait dire aux enfans *effe*, *hache*, *elle*, *eme*, *ene*, *ere*, *esse*, *ixe*. On a cru qu'il seroit mieux de mettre une voyelle à la suite de la consonne, et de faire prononcer, *fe*, *he*, *le*, *me*, *ne*, *re*, *se*, *kse*, ou *gze*. Il est bien plus simple de ne faire entendre, après les lettres H, F, L, etc. qu'un *e* très-sourd, que de les faire précéder d'une *è* ouvert, qui laisse toujours subsister l'*e* sourd. Cette manière de prononcer épargne le son de l'*è* ouvert, par où commence *effe*, *elle*, etc. On y gagne aussi le nom de l'*i* dans *ixe*, et les sons de *ha* et de *che*, qui se trouvent dans *hache*, et qui n'ont aucun rapport avec le son de la lettre *h*, par tout où elle est employée. Il est étonnant que le bon sens n'ait pas encore fait réformer l'ancienne manière de dénommer les consonnes. Il est encore plus surprenant qu'on n'ait pas apperçu l'inconvénient de faire épeler les enfans. Épeler, c'est par exemple, pour prononcer le mot *bale*, dire *be*, *a*, *ba*; *elle*, *e*, *le*: *bale*. *Be*, *é*, *bé*; *te*, *e*, *te*, *béte*. Il suffit de réfléchir sur le peu de rapport qu'il y a entre tous ces sons détachés et le mot qu'ils forment, pour s'appercevoir que la méthode qu'on adopte ici est la seule bonne et la seule qu'il faut préférer. Toute l'opération consiste à simplifier les sons.

Règle générale : les maîtres doivent faire attention de faire prononcer le *b*, dans l'alphabet, comme on le prononce dans la dernière syllabe du mot *tombe ; il tombe*. Il faut aussi qu'ils fassent prononcer toutes les autres consónnes avec un *e* muet ; et à la vue de la lettre D , C , etc. sans faire dire *de* , comme dans ron*de* et deman*de* ; *ce* , comme dans ron*ce* , constan*ce*.

Pour ne point embarrasser l'élève qu'on instruit , il ne faut pas qu'on lui fasse lire rien de ce qui paroît mis pour instruire celui qui enseigne.

Il est encore essentiel d'avertir tout le monde de ne pas enjamber d'une page à l'autre , mais d'aller de leçon en leçon. Il est indispensable de faire répéter à la fin de chaque semaine , ce qu'on a appris à l'enfant que l'on instruit.

ALPHABET EN CARACTÈRE ROMAIN.

Figure de la lettre.	*Nom de la lettre.*
a	
b	be
c	ce *ou* que
d	de
e	
f	fe
g	ge *ou* gue
h	he
i	
j	je
k	ke
l	le
m	me
n	ne
o	
p	pe
q	que
r	re
s	se *ou* ze
t	te *ou* si
u	
v	ve
x	kse *ou* gze
y	i *ou* ye
z	ze

ALPHABET EN CARACTÈRE ITALIQUE.

Figure de la lettre.	Nom de la lettre.
a	
b	be
c	ce ou que
d	de
e	
f	fe
g	ge ou gue
h	he
i	
j	je
k	ke
l	le
m	me
n	ne
o	
p	pe
q	que
r	re
s	se ou ze.
t	te ou si
u	
v	ve
x	kse ou gze
y	i ou ye
z	ze

ALPHABET EN LETTRES MAJUSCULES.

Figure de la lettre.   *Nom de la lettre.*

Figure	Nom
A	
B	BE
C	CE *ou* QUE
D	DE
E	
F	FE
G	GE *ou* GUE
H	HE
I	
J	JE
K	KE
L	LE
M	ME
N	NE
O	
P	PE
Q	QUE
R	RE
S	SE *ou* ZE
T	TE *ou* SI
U	
V	VE
X	KSE *ou* GZE
Y	I *ou* YE
Z	ZE

INSTRUCTION

Pour les Personnes qui enseignent à lire.

Pour s'assurer que l'élève connoît bien son alphabet, faites-le lui dire renversé, mêlé de toutes les manières possibles. Faites-lui toujours prononcer ou dénommer les consonnes comme elles sont marquées dans l'alphabet.

L'on doit remarquer dans ces premières leçons, que tout ce qui est discours et raisonnement, est fait pour le maître, et non pour l'élève. On ne doit attacher le disciple, qu'à ce qui est destiné aux leçons qui sont à sa portée.

Dites de vive voix à votre élève : Les lettres se divisent en voyelles et en consonnes. Il y a cinq voyelles et dix-neuf consonnes. Les voyelles sont :

A. E. I *ou* Y. O. U.

Les dix-neuf consonnes sont :

B. C. D. F. G. H. K. L. M. N. P. Q. R. S. T. V. X. Y. Z.

Consonnes et voyelles mêlées ensemble.

c. d. b. g. h. a. m. d. o. p. q. e. r. s. t. v. u. x. z. y.
i. b. f. g. d. e. c. h. m. n. p. j. a. l. r. s. t. u. v. x. o. z.

Voyelles renversées.

u. o. y *ou* i. e. a.

Alphabet renversé en romain.

z. y. x. v. u. t. s. r. q. p. o. n. m. l. k. j. i. h.
g. f. e. d. c. b. a.

Alphabet mêlé , en romain.

p. k. n. r. m. e. d. u. j. l. g. s. z. q. b. h. c.
i. a. f. x. o. t. y. v.

*Alphabet mêlé , en romain , en italique et
en capitales.*

j. b. a. z. r. x. h. p. g. n. s. c. P. U. I. D.
O. T. E. Y. M. Q. L. F. *V.* H.

a. Z. b. *y.* c. X. d. *v.* e. V. f. *t.* g. S. h. r. i.
Q. j. P. k. o. *l.* n. M.

Alphabet en capitales , romain.

A. B. C. D. E. F. G. H. I. J. K. L. M. N.
O. P. Q. R. S. T. U. V. X. Y. Z.

*Alphabet en romain , italique et
capitales.*

A. b. *c.* D. e. *f.* g. H. i. *j.* K. l. *m.* n. O. p.
q. R. s. *t.* U. *v. x.* Y. z.

INSTRUCTION

Pour les Personnes qui enseignent à lire.

Dès que l'élève distingue bien les lettres, il faut lui faire connoître les caractères qui varient leurs intonations.

Les pages suivantes sont destinées à donner une première idée des caractères qu'on appelle *accents ;* des trois sortes d'*e ;* des deux *u v.* des deux *i j ;* et des six consonnes qui ont un son double. On a cru devoir mettre ce tableau sous les yeux des Maîtres et Maîtresses, pour les avertir d'en donner aux enfans les premières notions.

Pour apprendre à distinguer les accents, il ne faut montrer que la colonne où ils se trouvent marqués. Ce qui est placé à côté d'eux, est destiné à instruire la personne qui les enseigne.

Il faut ensuite tâcher de faire entendre à l'élève, que les différentes sortes d'*e* viennent de ce que les accents dont ils sont marqués, leur donnent une articulation plus ou moins prononcée, parce qu'on appuie plus ou moins sur elles en les prononçant.

On a mis en marge des voyelles marquées d'un accent, des mots qui servent à déterminer la manière dont le maître doit faire prononcer chaque voyelle. Pour le découvrir, il n'a qu'à prononcer les mots qui se trouvent dans les exemples.

Il faut faire remarquer que la même lettre se prononce différemment, dès qu'elle est marquée d'un accent aigu, grave, ou circonflexe ; et que cette prononciation est toute différente, lorsqu'il n'y a point d'accent.

Dites de vive voix à votre élève ; en lui montrant les accents : il y a trois accents ; l'accent aigu ´, l'accent grave `, et l'accent circonflexe ^.

L'accent aigu ´, est un caractère qui va de droite à gauche.

L'accent grave `, est un caractère qui va de gauche à droite.

L'accent circonflexe ^, est un caractère formé de deux autres accents réunis et adossés ; il se met sur les cinq voyelles, lorsqu'elles se prononcent lentement, comme dans les mots *âge*, *bête*, *file*, *dôme*, *mûse*, etc.

Dites aussi à votre élève, sans montrer autre chose que les caractères rangés perpendiculairement les uns sur les autres, qu'il y a deux sortes d'*i*, l'*i* voyelle, et l'*j* consonne.

i.

Carthaginois, des Assyriens, des Babyloniens, des Mèdes et des Perses; abrégés de Flavius Joseph et de Rollin : ornés de 32 planches contenant 62 sujets gravés en taille-douce.

7 vol. in-12. ... (les) de Télémaque, fils d'Ulysse, par La Mothe- ... de 24 vignettes dessinées

i. L'*i* voyelle se figure *i*, et se prononce *i*.

j. L'*j* consonne se figure *j*, et se prononce *je*.

Il y a aussi deux sortes d'*u*, l'*u* voyelle et l'*v* consonne.

u l'*u* voyelle se figure *u*, et se prononce *u*.

v L'*v* consonne se figure *v*, et se prononce *ve*.

Les deux *i j* et les deux *u v* se trouvent dans le mot *juive*.

Faites remarquer qu'il y a trois sortes d'*e*, l'*e* muet, l'*é* fermé, l'*è* ouvert.

e L'*e* muet est l'*e* qui se prononce sourdement; c'est celui qui n'a point d'accent, comme on le peut voir dans les mots *lo-ge*, *prin-ce*, etc.

é L'*é* fermé est celui qui a un accent de droite à gauche; *c'est l'accent aigu é*, comme dans les mots *san-té*, *bon-té*.

è L'*è* ouvert est celui qui a un accent de gauche à droite; *c'est l'accent grave è*, comme dans les mots *accès*, *procès*, *abcès*, etc.

En montrant à votre élève les lettres *e*, *é*, *è*, *é*, faites prononcer :

e l'*e* muet, comme dans la dernière syllabe du mot *pa-re*;

é l'*é* fermé, comme dans la dernière syllabe des mots *pa-ré*, *pa-vé*.

B

è l'è ouvert, comme dans le mot *très* ;

ê l'*é* marqué d'un accent circonflexe, comme dans la première syllabe des mots *béte* , *téte* ;

o l'*o* , comme dans la première syllabe du mot *to-me* ;

ô l'*ô* marqué d'un accent circonflexe, comme dans la première syllabe du mot *dô-me* ;

a l'*a* comme dans la première syllabe du mot *ta-ble* ;

â l'*â* marqué d'un accent circonflexe , comme dans la première syllabe du mot *pâte* ;

i l'*i*, comme dans la première syllabe du mot *hiver* ;

î l'*î* marqué d'un accent circonflexe , comme dans la première syllabe du mot *fî le* ;

u l'*u*, comme dans la première syllabe du mot *tu-be* ;

û l'*û* marqué d'un accent circonflexe , comme dans la première syllabe du mot *mû-se*.

Apprenez aussi à votre élève qu'il y a six consonnes qui ont un son double, ce sont ;

c. g. h. f. t. x.

c se prononce *se*, *ss*, devant *e*, *i* ; *Cicéron*.

c se prononce *ka*, *ko*, *ku*, devant *a*, *o*, *u*; *cave*, *côté*, *curé*.

g se prononce *je*, *ji*, devant *i*, *genou*, *gibier*.

g se prononce *ga*, *go*, *gu*, devant, *a*, *o*, *u*, *gâteau*, *gosier*, *guenon*.

h se prononce *há*, *hé*, *hi*, *ho*, *hu*, dans *hâte*, *hêtre*, *hibou*, *hotte*, *hûre* ; alors on l'appelle *h* aspirée.

h ne se prononce point du tout dans *habit*, *Helene*, *hiver*, *hôte*, *huit* ; alors on l'appelle *h* non aspirée.

s se prononce, *sa*, *se*, *si*, *so*, *su*, au commencement des mots *sale*, *seve*, *sire*, *sole*, *suite*.

s se prononce *z*, entre deux voyelles, *case*, *lésé*, *bise*, *dose*, *ruse*, etc.

t se prononce *ti*, au commencement des mots *tige*, *tigre*, *tison*, etc.

t se prononce *si*, dans *abbatial*, *ambitieux*, *ambition*, *captieux*, etc.

x se prononce *kse*, dans *Alexandre*, *Alexis*.

x se prononce *gze*, dans *examen*, *exaucer*, *exemple*.

B 2

INSTRUCTION.

Pour les Personnes qui enseignent à lire.

L'ÉLÈVE connoissant bien exactement
les consonnes, les différentes articulations
que leur donnent les voyelles *a*, *e*, *i*, *o*, *u*,
et celles que les voyelles empruntent des
accents, il faut lui faire lire de suite la
table où toutes les consonnes sont unies
avec toutes les voyelles. Elle commence
par *ba*, *be*, *bé*, *bè*, etc. Il faut lui faire
lire d'abord chaque ligne horisontalement,
c'est-à-dire, *ba*, *be*, *bi*, *bo*, *bu*; passer
ensuite à la seconde colonne, observer
sur-tout de ne point faire épeler en l'ai-
dant à prononcer les sons et les syllabes :
ainsi il ne faut pas lui faire dire *be*, *a*, *ba*;
be, *e*, *be*; *be*, *o*, *bo*, mais tout d'un coup
ba, *be*, *bi*, *bo*. L'avantage de cette méthode est de faire connoître que les consonnes ont toujours besoin d'une voyelle
pour être articulée, que *b* devant *a* s'appelle *ba*, *b* devant *o* s'appelle *bo*, etc.

Sons formés d'une consonne et d'une voyelle.

Ba	be	bé	bè	bi	bo	bu
ca	ce	cé	cè	ci	co	cu
da	de	dé	dè	di	do	du
fa	fe	fé	fè	fi	fo	fu

ga	ge	gé	gè	gi	go	gu
ha	he	hé	hè	hi	ho	hu
ja	je	jé	jè	ji	jo	ju
la	le	lé	lè	li	lo	lu

ma	me	mé	mè	mi	mo	mu
na	ne	né	nè	ni	no	nu
pa	pe	pé	pè	pi	po	pu
qua	que	qué	què	qui	quo	quu

ra	re	ré	rè	ri	ro	ru
sa	se	sé	sè	si	so	su
ta	te	té	tè	ti	to	tu
va	ve	vé	vè	vi	vo	vu

xa	xe	xé	xè	xi	xo	xu
ya	ye	yé	yè	yi	yo	yu
za	ze	zé	zè	zi	zo	zu

B 3

INSTRUCTION

Pour les Personnes qui enseignent à lire.

Dès que l'élève connoît bien les sons différens qui résultent de l'union de toutes les voyelles avec les consonnes, il faut s'attacher à lui faire lire le tableau alphabétique des mots de deux syllabes ; on s'est attaché à n'y mettre que des sons qui se trouvent dans le tableau , et qui sont formés d'une consonne et d'une voyelle.

Il faut suivre le même procédé aux pages 20 et 21 ; ces deux pages présentent une double nouveauté , en ce que , premièrement, la voyelle qui, à la page 17 , se trouve après la consonne *b*, etc. se trouve ici avant cette même consonne *b* secondement , en ce que les mots de la vingt-unième page , formés des sons de la vingtième , sont de trois syllabes.

Les pages 22 et 23 présentent deux tables de mots de quatre syllabes. La première syllabe de chaque colonne commence par l'une des cinq voyelles , mises tantôt après la consonne , et tantôt avant la même consonne , autant qu'il a été possible de le faire.

Mots de deux syllabes formés des mêmes sons.

Ba-le , bê-te , bi-se ,   bu-te,
ca-ve , cê-ne , ci-re , cô-ne , cu-ve,
da-me , de-mi , dî-me , dô-me , du-pe,
fa-ce , fê-le , fî-le , fo-ré , fu-té,

---

ga-ge , gê-ne , gî-te , go-be , gu-é,
hâ-le , hè-re , hi-re , hô-te , hû-re,
Ja-va , Jé-su ,   jo-li , ju-ge,
la-ve , le-vé , li-me , lo-ge , lu-ne,

---

mâ-le , mè-re , mi-ne , mo-de , mu-le,
na-pe ,   Ni-ce , nô-ce , nu-e ,
Pa-pe , pè-re , pi-pe , pô-le , pu-ce,
qua-si , quê-te , Qui-to , quô-te,

---

ra-ve , rê-ve , ri-me , ro-be , ru-se,
sa-le , sé-ve , si-re , so-le , Su-ze ;
ta-xe , tê-te , ti-ge , to-me , tu-be,
va-se , ve-lu , vi-ce , vo-lé , vu-e,

Sons formés d'une voyelle et d'une consonne.

Ab	eb	éb	èb	ib	ob	ub
ac	ec	éc	èc	ic	oc	uc
ad	ed	éd	èd	id	od	ud
af	ef	éf	èf	if	of	uf

ag	eg	ég	èg	ig	og	ug
al	el	él	èl	il	ol	ul
am	em	ém	èm	im	om	um
an	en	én	èn	in	on	un

ap	ep	ép	èp	ip	op	up
aq	eq	éq	èq	iq	oq	uq
ar	er	ér	èr	ir	or	ur
as	es	és	ès	is	os	us

at	et	ét	èt	it	ot	ut
av	ev	év	èv	iv	ov	uv
ax	ex	éx	èx	ix	ox	ux
az	ez	éz	èz	iz	oz	uz

*Mots , la plupart de trois syllabes ,
formés des mêmes sons.*

Ab-ba-tu,	é-be-ne,	o-bo-le,
ac-cu-ré,	é-co-le,	oc-cu-pé,
ad-miré,	E-di-le,	i-do-le,
af-fec-té,	af-fa-cé,	of-fi-ce,

a-ga-cé,	é-ga-ré,	i-gné-e,
al-lu-re,	é-lo-ge,	o-li-ve,
am-bi-gu,	em-bal-lé,	i-ma-ge,
an-nu-el,	en-ne-mi,	in-vi-té,

ap-pe-lé,	é-pi-lé,	o-pé-ra,
a-qua-ti-que,	é-qui-no-xe,	
ar-rê-té,	er-ro-né,	ir-ri-té,
as-si-du,	es-ti-mé,	Is-ma-ël,

At-ta-le,	é-to-fe,	u-ti-le,
a-va-re,	é-vi-té,	o-va-le,
a-xi-o-me,	ex-ta-se,	I-xi-on,
A-zi-me,	O-sé-e,	O-zi-as,

Mots, la plupart de quatre syllabes,
formés des sons précédens.

Ba-di-na-ge,	Bé-né-fi-ce,	Bi-ga-ra-de,
ca-pi-ta-le,	cé-lé-ri-té,	ci-vi-li-té,
ac-ti-vi-té,	é-co-li-er,	ic-té-ri-que,
ca-ri-o-le,	dé-fi-gu-ré,	di-vi-ni-té,
ad-di-ti-on,	é-di-fi-ce,	I-du-mé-en,
fa-ci-li-té,	fé-li-ci-té,	fi-dé-li-té,
af-fi-na-ge,	ef-fi-ca-ce,	I-phi-gé-ni-e,
Ga-ni-mè-de,	gé-né-ra-le,	gi-be-ci-è-re,
ha-bi-tu-de,	hé-ro-ï-que,	Hip-po-li-te,
la-ti-tu-de,	lé-gé-re-té,	li-mo-na-de,
al-li-an-ce,	el-lé-bo-re,	il-lu-sion,
ma-gi-ci-en,	mé-de-ci-ne,	mi-né-ra-le,
A-ma-zo-ne,	é-mé-ti-que,	im-mé-di-at,
na-ti-vi-té,	né-ga-ti-ve,	Ni-co-la-ï,
a-né-an-ti,	en-ne-mi,	in-dé-fi-ni,
pa-ci-fi-que,	pé-lé-ri-ne,	py-ra-mi-de,
a-pa-na-ge,	é-pi-so-de,	i-pi-ca-cu-a-na,
ra-ta-ti-né,	ré-vo-lu-ti-on	ri-di-cu-le,
ar-ti-fi-ce,	er-ro-né,	i-ro-ni-e,
sa-ga-ci-té,	sé-cu-ri-té,	si-mo-ni-e,
as-so-ci-é,	e-xé-cu-té,	Is-sa-char,
ta-ni-è-re,	Es-cu-la-pe,	ti-mi-di-té,
at-ti-tu-de,	té-mé-ri-té,	I-ta-li-e,
va-ca-ti-on,	é-ta-la-ge,	vi-va-ci-té,
a-va-ri-ce,	Vé-ro-ni-que,	I-vi-ce,
e-xa-gô-ne,	é-va-po-ré,	e-xi-lé,

Mots, la plupart de quatre syllabes,
formés des sons précédens.

bo-ta-ni-que,	bu-co-li-que,
co-mé-di-en,	cu-pi-di-té,
oc-ca-si-on,	oc-to-go-ne,
do-ci-li-té,	du-pe-ri-e,
o-di-eu-se,	
fo-li-cu-le,	fu-ti-li-té,
of-fi-ci-al,	
go-si-er,	gu-tu-ra-le,
hon-nê-te-té,	hu-mi-li-té,
lo-gi-ci-en,	lu-na-ti-que,
o-li-vi-er,	ul-ce-re,
mo-no-po-le,	mu-tu-el-le,
om-bra-ge,	om-bi-lic,
no-va-ti-on,	nu-mé-ra-le,
on-da-ti-on,	u-na-ni-me,
Po-li-go-ne,	pu-ri-fi-é,
o-pi-ni-on,	
ro-tu-ri-er,	ru-ba-ni-er,
or-tho-do-xe,	ur-ba-ni-té,
so-li-tu-de,	su-jé-ti-on,
o-si-er,	u-su-ri-er,
to-pi-que,	tu-li-pe,
ot-to-ma-ne,	u-té-ri-ne,
vo-la-ti-le,	vul-ga-te,
o-va-si-on,	
E-xo-de,	ex-hu-mé.

INSTRUCTION
Pour les Personnes qui enseignent à lire.

Il y a des mots qui commencent par deux consonnes ; on a réuni sous un même coup-d'œil les combinaisons différentes qu'elles peuvent former. La colonne qui les renferme est une des plus essentielles de cette méthode.

En prononçant les sons *ble*, *bre*, etc. il faut avoir soin de ne pas faire épeler. Au lieu de faire dire à l'enfant *be, elle, e, ble ; be, ere, e, bre*, il faut lui faire prononcer tout de suite et sans épeler, *ble*, *bre*, comme on prononce la dernière syllabe des mots *table*, *sabre*.

Les pages 28, 29, 30, 31, sont composées des mots et des sons formés de plusieurs consonnes et de simples voyelles. Un enfant n'aura pas grande difficulté à les prononcer lorsqu'il aura été bien exercé sur les pages 25, 26, 27 ; il faut, pour cela, lui faire prononcer exactement chaque son, sans en décomposer les lettres, en suivant l'ordre des cinq voyelles ; et ensuite perpendiculairement, c'est-à-dire, en faisant parcourir chaque colonne de haut en bas et de bas en haut.

Sous

Sons formés de deux consonnes et d'une voyelle.

Bla	ble	bli	blo	blu
bra	bre	bri	bro	bru
cha	che	chi	cho	chu
chra	chre	chri	chro	chru
cla	cle	cli	clo	clu
cra	cre	cri	cro	cru
dra	dre	dri	dro	dru
fla	fle	fli	flo	flu
fra	fre	fri	fro	fru
phra	phre	phri		
pha	phe	phi	pho	phu
phla	phle	phli	phlo	phlu
gla	gle	gli	glo	glu
gna	gne	gui	gno	gnu
gra	gre	gri	gro	gru
pla	ple	pli	plo	plu
pra	pre	pri	pro	pru
rha	rhe	rhi	rho	rhu
sça	sçe	sçi		
sca			sco	scu
spa	spe	spi	spo	spu
sta	ste	sti	sto	stu
tha	the	thi	tho	thu
thra	thre	thri	thro	
tra	tre	tri	tro	tru
vra	vre	vri	vro	

C

*Sons formés des mêmes deux consonnes
et d'une voyelle dans un ordre inverse.*

Vra	vre	vri	vro	
tra	tre	tri	tro	tru
thra	thre	thri	thro	
tha	the	thi	tho	thu
sta	ste	sti	sto	stu
spa	spe	spi	spo	spu
sca			scó	scu
sça	sçe	sçi		
rha	rhe	rhi	rho	rhu
pra	pre	pri	pro	pru
pla	ple	pli	plo	plu
gra	gre	gri	gro	gru
gna	gne	gni	gno	gnu
gla	gle	gli	glo	glu
phla	phle	phli	phlo	phlu
pha	phe	phi	pho	phu
phra	phre	phri		
fra	fre	fri	fro	fru
fla	fle	fli	flo	flu
dra	dre	dri	dro	dru
cra	cre	cri	cro	cru
cla	cle	cli	clo	clu
chra	chre	chri	chro	chru
cha	che	chi	cho	chu
bra	bre	bri	bro	bru
bla	ble	bli	blo	blu

Sons formés des deux mêmes consonnes et d'une voyelle.

Tha	the	thi	tho	thu
gla	gle	gli	glo	glu
dra	dre	dri	dro	dru
bla	ble	bli	blo	blu
sca			sco	scu
gra	gre	gri	gro	gru
sta	ste	sti	sto	stu
pla	ple	pli	plo	plu
fla	fle	fli	flo	flu
chra	chre	hri	chro	chru
rha	rhe	rhi	rho	rhu
tra	tre	tri	tro	tru
pra	pre	pri	pro	pru
cha	che	chi	cho	chu
phra	phre	phri		
pha	phe	phi	pho	phu
cla	cle	cli	clo	clu
vra	vre	vri	vro	
thra	thre	thri	thro	
spa	spe	spi	spo	spu
sça	sçe	sçi		
gna	gne	gni	gno	gnu
phla	phle	phli	phlo	phlu
fra	fre	fri	fro	fru
cra	cre	cri	cro	cru
bra	bre	bri	bro	bru

Mots de différentes syllabes, composés
des sons précédens.

bl-â-me,	bl-ê-me,
br-a-ve,	br-è-ve,
ch-as-se,	ch-ê-ne,
Chr-am-ne,	Chr-ê-me,
cla-vi-er,	clé-men-ce,
cr-a-be,	cr-ê-che,
dr-a-pé,	dr-es-s-é,
fl-a-té,	fl-ê-che,
fr-a-cas,	fr-è-re,
phr-a-se,	phr-é-né-si-e,
gl-a-ce,	gl-è-be,
I-gna--ce,	A-gn-ès,
gr-a-pe,	gr-ê-le,
ph-a-re,	ph-é-nix,
phl-é-bo-to-mi-e,	phl-eg-ma-ti-que,
pl-a-ce,	pl-é-ni-er,
pr-a-ti-que,	pr-ê-tre,
rh-a-bil-lé,	rh-é-teur,
sç-a-vant,	sc-è-ne,
Sc-a-ron,	Sca-man-dre,
s-p-a-dil-le,	spé-ci-fi-que,
st-a-de,	St-é-tin,
Th-a-li-e,	th-ê-me,
Thr-a-ce	thr-é-sor,
itr-a-pe,	tr-ê-ve,
i-vr-e,	I-vr-i,

Mots de différentes syllabes, composés des sons précédens.

bl-in-de ,	bl-o-qué ,	bl-u-te ,
br-i-sé ,	br-o-dé ,	br-u-ne ,
ch-i-le ,	ch-o-se ,	ch-ûte ,
Chr-i-sti-ne ,	chro-ni-que ,	chr-u-dim ,
Cl-i-mè-ne ,	cl-o-che ,	Cl-u-ni ,
cr-i-me ,	cr-o-che ,	cr-u-che ,
dr-i-a-de ,	dr-ô-le ,	Dr-u-ï-de ,
fl-i-pot ,	Fl-o-re ,	fl-û-te ,
fr-i-sé ,	fr-o-té ,	fr-u-gal ,
Phr-i-gi-e ,		
gl-is-sa-de ,	gl-o-be ,	gl-u-ant ,
di-gni-té ,	i-gno-ré ,	ro-gn-u-re ,
gr-i-ve ,	gr-o-te ,	gr-u-e-ri-e ,
ph-y-si-que ,	ph-os-pho-re,	
Pl-i-ne ,	pl-om-bé ,	pl-u-me ,
pr-i-me ,	pr-ô-ne ,	pr-u-ne ,
Rh-in ,	Rh-ô-ne ,	rh-u-me ,
S-i-am ,	sc-is-si-on ,	sc-i-u-re ,
Sc-ot ,	sc-or-pi-on ,	Sc-u-de-ri ,
as-pi-ra-le ,	sp-on-dée ,	
st-i-le ,	st-o-rax ,	st-u-pi-de ,
th-im ,	Th-o-mas ,	Th-u-ci-di-de
	thr-ô-ne ,	
Tr-i-po-li ,	tr-o-pe ,	tr-u-fe ,
	i-vr-o-gne,	

Mots de différentes syllabes, composés
des sons précédens.

bl-an-ch-ir , | bl-es-su-re , | bl-in-da-ge ,
br-as-se-ri-e , | Br-es-se , | br-im-ba-le ,
ch-ar-ni-er , | Ch-er-so-né-se , | ch-if-fo-né ,
cl-as-si-que , | cl-er-gé , | cl-is-tè-re ,
cr-am-po-né , | cr-es-sel-le , | cr-is-ta-lin ,
dr-ag-me , | Dr-es-de , | dr-il-le ,
fl-a-te-ri-e , | fl-eu-ret-te , | fl-ic-fl-ac ,
fr-an-ch-ir , | fré-qu-en-ce , | fr-ic-ti-on ,
gl-an-du-le , | bl-et-te , | gi-is-sa-de ,
i-gn-a-re , | in-di-gne , | di-gn-i-té ,
gr-as-sé-yer , | Gre-na-de , | gr-i-or-te ,
ph-an-tô-me , | Ph-é-ni-ci-e , | ph-il-tre ,
pl-ai-do-yer , | pl-é-ni-tu-de , | pl-is-su-re ,
pr-ag-ma-ti-que , | pr-en-dre , | pr-in-ci-pa-le ,
Rha-da-man-te , | rh-é-to-ri-que | rh-i-no-cé-ros ,
sc-an-da-le , | sc-è-ne , | sç-i-a-ge ,
sp-a-tu-le , | sp-ec-ta-cle ; | spi-ri-tu-el ,
st-an-ce , | st-er-lin , | st-ig-ma-tes ,
tr-an-quil-le , | tr-en-ti-è-me , | tr-is-tes-se ,

Mots de différentes syllabes, composés
des sons précédens

bl-on-di-ne,	bl-u-et-te,
br-on-zé,	br-us-que-ri-e,
ch-o-co-lat,	ch-û-te,
cl-o-ch-et-te,	Cl-u-nis-te,
cr-os-se,	cr-u-ci-fix,
dr-o-gue,	Dr-u-i-de,
flo-ta-ge,	fl-u-xi-on,
fr-on-de,	fr-us-tré,
gl-o-bu-le,	gl-u-ti-na-tif,
i-gn-o-ré,	ro-gn-u-re,
gr-os-se	gr-u-ri-e,
ph-os-ph-o-re,	ph-y-si-que,
pl-on-ge-on,	pl-u-ma-ge,
pr-os-cr-it,	pr-u-den-ce,
rh-o-do-mon-ta-de,	rh-u-ma-tis-me,
sc-or-pi-on,	Sc-u-dé-ri,
sp-on-ta-né,	sp-u-mo-si-té,
st-o-ma-cal,	st-u-pi-di-té,
tr-om-pe-ri-e,	tr-u-ï-te,

INSTRUCTION

Pour les Personnes qui enseignent à lire.

S I les consonnes empruntent des voyelles des sons différents, les voyelles unies les unes aux autres, forment avec les consonnes dont elles sont suivies, des sons infiniment variés, sur lesquels il est important de fixer l'attention des jeunes personnes. Les tables suivantes offrent un grand nombre de sons tous formés de l'union de plusieurs voyelles. Afin de sauver aux personnes qui instruisent, l'embarras de les articuler avec netteté, on a mis à côté de chaque son, des mots dans lesquels sont employés les sons qu'on doit faire prononcer à un enfant.

Il faut faire remarquer aux élèves les articulations différentes que donnent aux voyelles, les deux points qu'elles portent en tête, comme dans *laic*, *aëré*, etc.

Voyelles unies à d'autres voyelles, ou placées à leur suite, et formant avec les consonnes ou les voyelles dont elles sont suivies, une ou plusieurs syllabes.

on prononce comme dans | on prononce comme dans

Aë	aë-ré	aon	p-*aon*
æa	*Æa*-que	août	A-*oût.*
aën	C-*aën*	aoux	Chi-*aoux*
ai	bal-*ai*	au	P-*au*
aî	f-*aî*-tière	aüs	Em-*aüs.*
aï	l-*aïc*	aud	ch-*aud*
aie	h-*aie*	aul	P-*aul*
aient	p-*aient*	aulx	f-*aulx*
aïeul	bis-*aïeul*	aoul	s-*aoul*
aïde	Adel-*aïde*	aur	M-*aur*
ail	b-*ail*	aut	f-*aut*
aille	can-*aille*	aux	ch-*aux*
aim	ess-*aim*	ay	C-*ay*-lus
ain	p-*ain*	aya	attr-*aya*-nt
ains	m-*ains*	ayé	r-*ayé*
aint	cr-*aint*	ayen	Bisc-*ayen*
air	ch-*air*	ayer	bég-*ayer*
aire	capill-*aire*	ayeux	B-*ayeux*
ais	d-*ais*	ayon	cr-*ayon*
aïs	m-*aïs*		
ait	f-*ait*	ea	mang-*ea*
aix	p-*aix*	ean	J-*ean*
ao	cac-*ao*	eant	afflig-*eant*

on prononce comme dans		on prononce comme dans	
éal	Bor-*éal*	euille	f-*euille*
éar	B-*éar*-nois	eur	p-*eur*
éat	b-*éat*	eut	p-*eut*
eau	gât-*eau*	eux	d-*eux*
eaux	moin-*eaux*	ey	Bug-*ey*
ée	nu-*ée*		
éen	Idum-*éen*	iable	châ-*tiable*
ées	ach-*ées*	iade	Dr-*iade*
éïa	pl-*éïa*-de	ia	mar-*ia*-ge
éide	Nér-*éide*	ial	offic-*ial*
eil	ort-*eil*	iam	S-*iam*
eille	bout-*eille*	ian	all-*iance*
éïen	pléb-*éien*	iand	fr-*iand*
eim	Benh-*eim*	iard	l-*iard*
ein	fr-*ein*	ias	Os-*ias*
eindre	f-*eindre*	iat	op-*iat*
eint	p-*eint*	iâtre	opin-*iâtre*
eing	s-*eing*	iau	fabl-*iau*
eïo	Ang-*éïo*-logie	iaux	bes-*tiaux*
eoir	ass-*eoir*	ie	p-*ie*
eois	bourg-*eois*	iée	mar-*iée*
éole	alv-*éole*	iel	m-*iel*
eon	pig-*eon*	ième	trent-*ième*
eot	mig-*eot*-er	ien	magic-*ien*
eu	bl-*eu*	ieux	Br-*ieux*
euf	b-*euf*	ient	t-*ient*
eufs	n-*eufs*	ier	chart-*ier*
euil	d-*euil*	ière	tan-*ière*

on prononce comme dans		on prononce comme dans	
iers	f-*iers*	ouade	esc-*ouade*
iette	d-*iette*	ouage	Br-*ouage*
ieu	l-*ieu*	oud	c-*oud*-e
icue	banl-*ieue*	oue	Cord-*oue*
ieux	p-*ieux*	oué	d-*oué*
io	Cl-*io*	ouer	av-*ouer*
iole	bab-*iole*	ouet	j-*ouet*
iu	Ab-*iu*	ouetre	ch-*ouette*
ya	Dr-*ya*-de	oug	j-*oug*
yen	Ca-*yen*-ne	oui	réj-*oui*
yer	plaido-*yer*	ouie	*ouie*
yon	Ba-*yon*-nois	ouin	bab-*ouin*
		ouil	b-*ouil*-li
oa	c-*oa*-guler	ouille	citr-*ouille*
oard	béz-*oard*	ouir	évan-*ouir*
œil	*œil*	ouis	b-*ouis*
œufs	*œufs*	oul	Capit-*oul*
œur	s-*œur*	oup	c-*oup*
œu	*œu*-vre	our	am-*our*
oé	c-*oé*-ternel	ourd	l-*ourd*
oë	c-*oë*-ffe	ours	j-*ours*
oi	effr-*oi*	oux	courr-*oux*
oî	cr-*oî*-tre	oust	ac-*oust*-ique
oï	M-*oï*-se		
oie	j-*oie*	ua	alg-*ua*-sil
oo	c-*oo*-pérateur	uan	Don-J-*uan*
ou	f-*ou*	uant	p-*uant*
ouac	biv-*ouac*	uau	cru-*au*-té

on prononce comme dans		on prononce comme dans	
uë	barb-*uë*	uée	n-*uée*
uer	arg-*uer*	ui	app-*ui*
uet	m-*uet*	uïde	Dr-*uïde*
uette	l-*uette*	uids	m-*uids*
ueux	anfract-*ueux*	uie	pl-*uie*
uif	s-*uif*	uits	fr-*uits*
uifs	J-*uifs*	uivre	c-*uivre*
uin	J-*uin*	uüm	D-*uüm*-vir
uil	c-*uil*-lère	uyer	app-*uyer*
uille	aig-*uille*		
uir	f-*uir*	ya	Bo-*ya*-rd
uire	c-*uire*	yau	alo-*yau*
uis	Per-*tuis*	yen	do-*yen*
uiss	b-*uisson*	ye	courro-*ye*
uist	c-*uist*-re	yer	cou-do-*yer*
uit	br-*uit*	yeur	gibo-*yeur*
uite	tr-*uite*	yeux	jo-*yeux*

INSTRUCTION

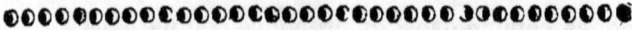

INSTRUCTION

Pour les Personnes qui enseignent à lire.

L E s pages 38 , 39 , 40 et 41 présentent une suite de mots monosyllabes , suivant l'ordre alphabétique : on y en a fait entrer le plus qu'il a été possible , sans trop s'attacher au sens , parce que les enfans ont toujours beaucoup de peine à bien lire ces sortes de mots.

On a encore séparé la consonne simple ou double de la voyelle , afin que les élèves en saisissent mieux l'ensemble et le résultat en les rapprochant eux-mêmes.

Pour les accoutumer à lire hardiment deux mots monosyllabes à la fois, on a rapproché les mêmes monosyllabes , depuis la page 42 jusqu'à la page 44 ; cet exercice prépare à quelques petites lectures en monosyllabes qui se trouvent à la page 45. L'élève s'en tirera parfaitement, s'il a été bien exercé sur les deux tables de monosyllabes ; ces petits triomphes allument le courage des enfans : il ne faut jamais manquer à leur en ménager.

D

Monosyllabes qu'il faut faire dire d'abord par sons
séparés , et ensuite tout d'un mot.

b-ail bail	cl-ou clou	cr-oit croit
b-ain bain	cl-oux cloux	cr-ue crue
b-eau beau	cl-oud cloud	cu-ir cuir
b-eauxbeaux	ch-air chair	cu-it cuit
b-aux baux	ch-aud chaud	
b-œuf bœuf	ch-auxchaux	d-aimdaim
b-œufsbœufs	ch-œur chœur	d-ais dais
bl-eu bleu	c-œur cœur	d-eux deux
b-ien bien	ch-ien chien	d-euildeuil
b-iais biais	ch-ou chou	D-ieu Dieu
b-ouc bouc	ch-ouxchoux	d-ieux dieux
b-oue boue	ch-oix choix	d-ois dois
b-ois bois	ch-oir choir	d-oit doit
b-ourgbourg	ch-ois chois	d-oigtsdoigts
b-out bout	c-oin coin	d'-où d'où
b-ruit bruit	c-oing coing	d-oux doux
b-uis buis	c-ou cou	dr-oit droit
	c-oup coup	dr-ue drue
c-ap cap	c-oût coût	Dr-euxDreux
C-aen Caen	c-our cour	
C-aux Caux	c-ours cours	f-aut faut
c-eux ceux	c-ourt court	f-aux faux
c-eint ceint	cr-aie craie	f-aulx faulx
c-iel ciel	cr-aint craint	f-aim faim
c-ieux cieux	cr-eux creux	f-ait fait
cl-aie claie	cr-oix croix	faits faits
cl-air clair	cr-ois crois	f-aix faix

fa-on	faon	gr-ain	grain	J-uifs	Juifs
f-eu	feu	gr-ainsgrains		J-uin	Juin
f-eux	feux	gr-ais	grais	l-aïc	laïc
f-eint	feint	gr-ue	grue	l-aid	laid
f-ier	fier	gr-ouingrouin		l-air	l'air
fl-eur	fleur			l-aie	laie
f-oi	foi	h-aie	haie	l'-eau	l'eau
f-oie	foie	h-ait	hait	L-eu	Leu
F-oix	Foix	h-aut	haut	l-eur	leur
f-ois	fois	h-ier	hier	l-eurs	leurs
f-oin	foin	h-oue	houe	l-ie	lie
f-ouet	fouet	h-oux	houx	l-ien	lien
f-oux	foux	h-uit	huit	l-ient	lient
f-our	four			l-ieu	lieu
fr-ais	frais	j'-ai	j'ai	l-ieux	lieux
fr-ein	frein	j'-aie	j'aie	l-ieue	lieue
fr-oid	froid	J-ean	Jean	l-oi	loi
fr-uit	fruit	j-eu	jeu	l-ois	lois
fr-uits	frui	j-eux	jeux	l-oin	loin
f-uir	fuir	j-eus	j'eus	l-oue	loue
f-uis	fuis	j-oie	joie	l-ouentlouent	
f-uit	fuit	j-ouet	jouet	l-oué	loué
		j-ouets	jouets	L-ouis	Louis
g-ai	gai	j-ouer	jouer	l-oup	loup
g-ain	gain	j-oue	joue	l-oups	loups
g-eai	geai	j-ouentjouent		l-ourd	lourd
g-ué	gué	j-oug	joug	l-ui	lui
g-uet	guet	j-our	jour		
g-ueuxgueux		j-ours	jours	M-ai	Mai
g-oût	goût	ju-if	Juif	m-ail	mail

D 2

m-ain	main	n-oix	noix	pl-aint	plaint
m-ains	mains	n-oueux	noueux	pl-ein	plein
M-aur	Maur	n-ous	nous	pl-ie	plie
m-aux	maux	n-uit	nuit	pl-ient	plient
M-eaux	Meaux	n-ue	nue	pl-eurs	pleurs
m-ien	mien	n-uée	n-uée	pl-eut	pleut
m-ieux	mieux	p-ain	pain	pl-uie	pl-uie
m-eus	meus	p-aîs	paîs	po-ids	poids
m-eut	meut	p-aît	paît	p-ois	pois
m-eurs	meurs	p-aix	paix	p-oix	poix
m-eurt	meurt	p-aïs	païs	p-oint	point
m-œurs	mœurs	p-aie	paie	p-oing	poing
m-ien	mien	p-air	pair	p-oil	poil
m-ie	mie	p-aon	paon	po-ils	poils
m-iel	miel	P-aul	Paul	p-oulx	poulx
m-oi	moi	p-eau	peau	pr-ie	prie
m-oins	moins	p-eut	peut	pr-ient	prient
m-ois	mois	p-eu	peu	pr-oie	proie
m-ou	mou	p-eus	peus	pr-oue	proue
m-oue	moue	p-eut	peut	p-uits	puits
m-uet	muet	p-eint	peint	qu-ai	quai
m-uids	mu-ids	p-ie	pie	qu-art	quart
n-ain	nain	p-ied	pied	qu-and	quand
n-œud	nœud	p-ieds	pieds	qu-ant	quant
n-œuds	nœuds	p-ieu	pieu	qu-el	quel
n-euf	neuf	p-ieux	pieux	qu-eue	queue
n-ie	nie	p-laie	plaie	qu-eux	qu'eux
n-iais	niais	p-lais	plais	qu-'il	qu'il
N-oël	Noël	pl-aît	plaît	qū-oi	quoi
n-oir	noir	pl-ains	plains	qu-int	quint

qu'-on	qu'on	s-ien	sien	tr-ois	trois
qu'-un	qu'un	s-oi	soi	Tr-oie	Troie
r-aie	raie	s-oie	soie	t-our	tour
r-eins	reins	s-oin	soin	T-ours	Tours
R-eims	Reims	s-oir	soir	tr-ou	trou
r-ien	rien	s-ois	sois	tr-uie	truie
r-oi	roi	s-oit	soit	tr-oué	troué
r-oue	roue	s-oient	soient	v-aut	vaut
r-oux	roux	s-oif	soif	v-eau	veau
R-ouen	Rouen	s-ourd	sourd	v-eaux	veaux
r-ouet	rouet	s-ous	sous	v-ain	vain
r-ouer	rouer	s-uie	suie	v-air	vair
r-ue	rue	s-uis	suis	v-œu	vœu
s-aie	saie	s-uif	suif	v-œux	vœux
s-ais	sais	s-uit	suit	v-eut	veut
s-ain	sain	t-aie	taie	v-ie	vie
s-aint	saint	t-aux	taux	v-ieil	vieil
s-ait	sait	t-eins	teins	v-ieux	vieux
s-auf	sauf	t-eint	teint	v-iens	viens
s-aut	saut	t-ien	tien	v-ient	vient
sc-eau	sceau	t-iens	tiens	v-oie	voie
sc-eaux	sceaux	t-ient	tient	v-oix	voix
s-ein	sein	t-iers	tiers	v-oir	voir
s-eing	seing	t-ous	tous	v-ois	vois
s-œur	sœur	t-out	tout	v-oit	voit
s-aóul	saoul	t-oux	toux	v-oient	voient
s-eul	seul	t-oit	toit	vr-ai	vrai
s-euil	seuil	tr-ain	train	v-ue	vue
sc-ie	scie	tr-ait	trait	v-ues	vues
sc-ient	sc-ient	tr-aits	traits	y-eux	yeux

D 3

Monosyllabes et dissyllabes composés des monosyllabes précédens simples.

air fier	cieux en feu	deuil de cour
ail-leurs	claie de bois	deux à deux
ait eu	clou droit	dieux des dieux
Août chaud	clair et frais	doigt au trou
au mieux	chair crue	doigts courts
aux cieux	chaud et froid	doit tout
aient lieu	chaux et craie	doux au cœur
	chou-fleur	droit et haut
bail-leur	cœur de roi	
bain froid	chien fou	eau-de-vie
beau jeu	coing cuit	eux et vous
beaux jeux	coup de feu	œufs frais
bœuf noir	cou-teau	œufs cuits
bleu clair	cou-cou	œil de bœuf
bien fait	cou de bœuf	
biai-ser	courte joie	faux seing
bou-quin	cours droit	faim et soif
bou-eux	craie et chaux	fais bien
bout-à-bout	creux et plein	fais-ceaux
bois-seau	croix de buis	fait à tout
boute-feu	crois-moi	fait au tour
bruit sourd	cuir et chair	faix lourd
buis court	cuit au four	feu de bois
	crue d'eau	feux de nuit
cail-lou		feint et faux
ceint au tour	lais en l'air	fier et haut
ciel bleu	dain vieux	fleur et fruit

foie de veau	joie au cœur	meursetmeurt
foi de roi	jouet à jouer	mie de pain
foin et grain	jouc à joue	miel doux
fouet de cuir	jour et nuit	moi et eux
four chaud	joug et juif	mois d'août
frais et gai	juin et mai	moins bien
frein doux		mou-leur
froid noir	laid et fou	muet et sourd
fruit et fleurs	lait chaud	muids d'eau
fuir loin	laie et loup	
	l'air et l'eau	nain-à-pied
gai et gué	lie et Leu	neuf et trois
geai noir	lient tout	nie et nient
guet à pied	lieux saints	noir de peau
gueux à rouer	lieue loin	Noël et Jean
grains et foins	loi et lois	noue etnouent
grue en l'air	loin d'eux	noué en deux
grouin de truie	Louis trois	nous et eux
	loup et laie	nuit et jour
haie de buis	lui et vous	nue et nuée
haut et fier		
hier ou soir	mai et juin	oit et oient
houx noueux	mail à jouer	oie et ouais
houe de bois	mainte-fois	oui ou ouïes
huis clos	main-tien	oint et saint
huit fois	mais au moins	ouïr et voir
	Maur et Louis	ours noir
Jean et Louis	maux de cœur	
jeu d'oie	meus et meut	pain cuit
jeu de main	le mien le tien	paix de Dieu
j'eus hier	mieux fait	pays de Caux

paie de roi

pair laïc

paon en l'air

peau de chien

Paul et Louis

peur et fuir

peu-à-peu

peint en beau

pieu de bois

pied à pied

pied de roi

plaît-à-Dieu

plaint de tous

plein d'eau

plie et plient

poids et poix

pois en fleurs

pleurs et pleut

peut-on voir

point du tout

poing court

poil roux

plaie au cœur

pluie en l'air

prie Dieu

prient tous

proue à l'eau

puits et sceau

quai neuf

quart et quint

quantetquand

quel qu'il soit

queue de loup

quoi-qu'il ait

quint et quart

qu'un y soit

qu'on le lie

raye et rayent

raie et reins

Reims et Rouen

rien en tout

roi des rois

roue et rouet

roux et bleu

rouet et roue

rue St.-Louis

sain et sauf

saint-Leu

saute en l'air

sceau de roi

sein et sceaux

sein et saints

sœur de lait

saoul de tout

seul à seul

seuil de bois

scie à main

scieurs de bois

le sien, le mien

soif et faim

soi seul

soin à tout

soir et soie

sois à moi

soit et soient

sourd à tous

sous la main

suie en feu

suit à pied

suif neuf

suis moi

taie à l'œil

tout et tous

teint en noir

tient bien

tout en haut

toit en feu

trait en trois

traits de feu

train de bois

trois à trois

Troie et Tours

tour à tour

trou et truie

van-rien

veau cuit

veaux noirs

vain et fier

vair et vieil	viens et vient	vois le jour
vœux au ciel	vieux oing	vois et voient
veut et vœux	voie de lait	vrai et faux
vie des Saints	voie en haut	voie et vue

~~~~~~~~~~~~~~~~~~~~~~~~~~~~~~

PIÈCE DE LECTURE.

composée de monosyllabes.

DIEU a fait le ciel et tout ce qu'on voit sous les cieux, tout ce qui est dans les eaux, et en tous lieux. Il a fait le jour et la nuit.

Dieu voit tout. Il voit le bien et le mal qu'on fait. Il voit tout ce qui est dans nos cœurs. Dieu fait tout ce qui lui plaît. Il a fait tout ce qui est dans les airs. Il tient tous les biens dans sa main.

Dieu est le Roi des Rois, le Saint des Saints, le Dieu des Dieux. Nos vœux et nos cœurs sont ce qui lui plaît le mieux. Quand on a la foi, on croit tout ce qu'il a fait pour nous.

INSTRUCTION

Pour les Personnes qui enseignent à lire.

Les sons composés qui détérminent les différens temps des verbes, embarrassent long-temps les enfans. Pour y remédier, on a fait entrer dans les pages 47, 48, 49, et 50, une suite de verbes de deux, de trois et de quatre syllabes, rangés par ordre alphabétique ; on y a rapproché les terminaisons *ent*, *ant*, *oit* et *oient*, que les enfans confondent ordinairement. Il faut avoir soin de les bien exercer sur ces différentes terminaisons ; ils n'y trouveront plus aucune difficulté dans la suite.

Les pages 51 et 52 contiennent une suite de petites phrases, où l'on a rapproché les verbes du mot qui n'est point verbe, pour faire comprendre aux enfans que les trois lettres *ent*, se prononcent comme un *e* muet, à la fin d'un verbe, et que ces trois lettres se prononcent toutes à la fin de tous les autres mots.

Mots de deux syllabes.	Mots de trois syllabes.	Mots de quatre syllabes.
ai-mer	a-ba-tre	ac-cou-tu-mer
ai-mant	a-ba-tant	ac-cou-tu-mant
ai-ment	a-ba-tent	ac-cou-tu-ment
ai-moit	a-ba-toit	ac-cou-tu-moit
ai-moient	a-ba-toient	ac-cou-tu-moient
boi-re	ba-lan-cer	bal-bu-tier
bu-vant	ba-lan-çant	bal-bu-ti-ant
boi-vent	ba-lan-cent	bal-bu-ti-ent
bu-voit	ba-lan-çoit	bal-bu-ti-oit
bu-voient	ba-lan-çoient	bal-bu-ti-oient
chan-ter	châ-ti-er	ca-ra-co-ler
chan-tant	châ-ti-ant	ca-ra-co-lant
chan-tent	châ-ti-ent	ca-ra-co-lent
chan-toit	châ-ti-oit	ca-ra-co-loit
chan-toient	châ-ti-oient	ca-ra-co-loient
don-ner	dé-li-vrer	dé-mé-na-ger
don-nant	dé-li-vrant	dé-mé-na-geant
don-nent	dé-li-vrent	dé-mé-nagent
don-noit	dé-li-vroit	dé-mé-na-geoit
don-noient	dé-li-vroient	dé-mé-na-geoient
en-fler	ef-fa-cer	é-cha-fau-der
en-flant	ef-fa-çant	é-cha-fau-dant
en-flent	ef-fa-cent.	é-cha-fau-dent
en-floit	ef-fa-çoit	é-cha-fau-doit
en-floient	ef-fa-çoient	é-cha-fau-doient

Mots de deux syllabes.	Mots de trois syllabes.	Mots de quatre syllabes.
for-cer	fri-cas-ser	fan-fa-ron-ner
for-çant	fri-cas-sant	fan-fa-ron-nant
for-cent	fri-cas-sent	fan-fa-ron-nent
for-çoit	fri-cas-soit	fan-fa-ron-noit
for-çoient	fri-cas-soient	fan-fa-ron-noient
ga-gner	gour-man-der	ges-ti-cu-ler
ga-gnant	gour-man-dant	ges-ti-cu-lant
ga-gnent	gour-man-dent	ges-ti-cu-lent
ga-gnoit	gour-man-doit	ges-ti-cu-loit
ga-gnoient	gour-man-doient	ges-ti-cu-loient
ha-cher	ha-bi-ter	her-bo-ri-ser
ha-chant	ha-bi-tant	her-bo-ri-sant
ha-chent	ha-bi-tent	ber-bo-ri-sent
ha-choit	ha-bi-toit	her-bo-ri-soit
ha-choient	ha-bi-toient	her-bo-ri-soient
jou-er	jar-di-ner	jus-ti-fi-er
jou-ant	jar-di-nant	jus-ti-fi-ant
jou-ent	jar-di-nent	jus-ti-fi-ent
jou-oit	jar-di-noit	jus-ti-fi-oit
jou-oient	jar-di-noient	jus-ti-fi-oient
lui-re	la-bou-rer	lé-gi-ti-mer
lui-sant	la-bou-rant	lé-gi-ti-mant
lui-sent	la-bou-rent	lé-gi-ti-ment
lui-soit	la-bou-roit	lé-gi-ti-moit
lui-soient	la-bou-roient	lé-gi-ti-moient

Mots

Mots de deux syllabes.	Mots de trois syllabes.	Mots de quatre syllabes.
man-quer	mas-sa-crer	mor-ti-fi-er
man-quant	mas-sa-crant	mor-ti-fi-ant
man-quent	mas-sa-crent	mor-ti-fient
man-quoit	mas-sa-croit	mor-ti-fi-oit
man-quoient	mas-sa-croient	mor-ti-fi-oient
na-ger	né-to-yer	né-go-ci-er
na-geant	né-to-yant	né-go-ci-ant
na-gent	né-to-yent	né-go-ci-ent
na-geoit	né-to-yoit	né-go-ci-oit
na-g eoient	né-to-yoient	né-go-ci-oient
ou-vrir	or-don-ner	or-ga-ni-ser
ou-vrant	or-don-nant	or-ga-ni-sant
ou-vrent	or-don-nent	or-ga-ni-sent
ou-vroit	or-don-noit	or-ga-ni-soit
ou-vroient	or-don-noient	or-ga-ni-soient
pein-dre	par-cou-rir	phi-lo-so-pher
pei-gnant	par-cou-rant	phi-lo-so-phant
pei-gnent	par-cou-rent	phi-lo-so-phent
pei-gnoit	par-cou-roit	phi-lo-so-phoit
pei-gnoient	par-cou-roient	phi-lo-so-phoient
quit-ter	que-rel-ler	ques-tion-ner
quit-tant	que-rel-lant	ques-tion-nant
quit-tent	que-rel-lent	ques-tion-nent
quit-toit	que-rel-loit	ques-tion-noit
quit-toient	que-rel-loient	ques-tion-noient

E

Mots de deux syllabes.	Mots de trois syllabes.	Mots de quatre syllabes.
ren-dre	ré-pon-dre	re-com-men-cer
ren-dant	ré-pon-dant	re-com-men-çant
ren-dent	ré-pon-dent	re-com-men-cent
ren-doit	ré-pon-doit	re-com-men-çoit
ren-doient	ré-pon-doient	re-com-men-çoient
souf-frir	sou-met-tre	sa-cri-fi-er
souf-frant	sou-met-tant	sa-cri-fi-ant
souf-frent	sou-met-tent	sa-cri-fi-ent
souf-froit	sou-met-toit	sa-cri-fi-oit
souf-froient	sou-met-toient	sa-cri-fi-oient
tor-dre	té-moi-gner	tran-qui-li-ser
tor-dant	té-moi-gnant	tran-qui-li-sant
tor-dent	té-moi-gnent	tran-qui-li-sent
tor-doit	té-moi-gnoit	tran-qui-li-soit
tor-doient	té-moi-gnoient	tran-qui-li-soient
vou-loir	ven-dan-ger	ver-ba-li-ser
vou-lant	ven-dan-geant	ver-ba-li-sant
veu-lent	ven-dan-gent	ver-ba-li-sent
vou-loit	ven-dan-geoit	ver-ba-li-soit
vou-loient	ven-dan-geoient	ver-ba-li-soient

EXEMPLES

Qui font voir que les lettres ent *ont le même son que l'e muet à la fin des mots auxquels ont peut joindre* ils *ou* elles *; mais qu'elles se prononcent à la fin de tous les autres mots.*

Les hom-mes s'ai-ment
    ra-re-ment.
Les oi-seaux cou-vent
    sou-vent.
Les en-fans ai-ment
    le mou-ve-ment.
Les pa-res-seux s'a-ni-ment
    dif-fi-ci-le-ment.
Les hon-nê-tes-gens s'es-ti-ment
    mu-tu-el-le-ment.
Les da-mes s'ex-pri-ment
    dé-li-ca-te-ment.
Les chi-mè-res se for-ment
    ai-sé-ment.
Les dé-vots dor-ment
    mol-le-ment.

E 2

Les bons li-vres s'im-pri-ment
soi-gneu-se-ment.

Les pe-tits en-fans s'ac-cou-tu-ment
fa-ci-le-ment.

Les pol-trons s'al-lar-ment
ai-sé-ment.

Les ours se ren-fer-ment
é-troi-te-ment.

Les grands dé-fauts se ré-for-ment
ra-re-ment.

Les a-va-res s'en-dor-ment
dif-fi-ci-le-ment.

Les mau-vais li-vres se sup-pri-
ment promp-te-ment.

Les vieil-lards s'en-rhu-ment
fa-ci-le-ment.

INSTRUCTION

Pour les Personnes qui enseignent à lire.

Ici commencent les premières lectures suivies, imprimées en caractères romain et italique. On a cru devoir présenter d'abord aux enfans les premières qu'ils doivent réciter tous les jours, et qu'on ne sauroit trop leur apprendre. L'unique moyen d'y réussir, c'est de les leur faire lire et relire, jusqu'à ce qu'ils les sachent passablement par cœur : on les a mises, d'un côté, à sons liés. Cette première opération prépare à la seconde : il faut toujours suivre ce procédé, jusqu'à ce que les enfans soient fermes dans la lecture.

Il faut leur faire lire et apprendre également par cœur les pièces de lecture qui se trouvent à la page 62 et suivantes.

E 3

~~~~~~~~~~~~~~~~~~~~~~~~~~~~~~~~

L'O-rai-son Do-mi-ni-ca-le.

No-TRE Pè-re qui ê-tes aux ci-eux ; que vo-tre Nom soit sanc-ti-fi-é : que vo-tre rè-gne ar-ri-ve ; que vo-tre vo-lon-té soit fai-te en la ter-re com-me au ci-el : don-nez-nous au-jour-d'hui no-tre pain quo-ti-di-en, et nous par-don-nez nos of-fen-ses , com-me nous les par-don-nons à ceux qui nous ont of-fen-sés ; et ne nous in-dui-sez point en ten-ta-ti-on ; mais dé-li-vrez-nous du mal.

Ain-si-soit-il.

La Sa-lu-ta-ti-on An-gé-li-que.

JE vous sa-lu-e , Ma-ri-e , plei-ne de grâ-ces , le Sei-gneur est a-vec vous : vous ê-tes bé-ni-te en-tre tou-tes les fem-mes ; et JE-sus le fruit de vo-tre ven-tre est bé-ni.

Sain-te Ma-ri-e , Mè-re de Dieu , pri-ez pour nous , pauvres pécheurs , main-te-nant et à l'heu-re de no-tre mort.

Ain-si-soit-il.

L'Oraison Dominicale.

NOTRE Père qui êtes aux cieux ; que votre nom soit sanctifié ; que votre règne arrive ; que votre volonté soit faite en la terre comme au ciel ; donnez-nous aujourd'hui notre pain quotidien, et nous pardonnez nos offenses, comme nous les pardonnons à ceux qui nous ont offensé ; et ne nous induisez point en tentation, mais délivrez-nous du mal.

Ainsi soit-il.

La Salutation Angélique.

JE vous salue, Marie, pleine de grâces, le Seigneur est avec vous : vous êtes bénite entre toutes les femmes ; et Jesus le fruit de votre ventre, est béni.

Sainte Marie, Mère de Dieu, priez pour nous, pauvres pécheurs, maintenant et à l'heure de notre mort.

Ainsi soit-il.

~~~~~~~~~~~~~~~~~~~~~~~~~~~~

La con-fes-sion de ses pé-chés.

JE con-fes-se à Dieu tout-puis-sant , à la bien-heu-reu-se Ma-ri-e tou-jours Vier-ge, à saint Mi-chel Ar-chan-ge , à saint Jean-Bap-tis-te , aux A-pô-tres saint Pier-re et saint Paul, et à tous les saints , que j'ai beau-coup pé-ché par pen-sé-es , par pa-ro-les et par ac-ti-ons ; c'est ma fau-te ; c'est ma fau-te ; c'est ma très-gran-de fau-te. C'est pour-quoi je sup-pli-e la bien-heu-reu-se Ma-ri-e tou-jours Vier-ge , saint Mi-chel Ar-chan-ge , saint Jean-Bap-tis-te , les A-pô-tres saint Pier-re et saint Paul , et tous les saints , de pri-er pour moi le Sei-gneur no-tre Dieu.

La Confession des péchés.

JE confesse à Dieu tout-puissant, à la bienheureuse Marie toujours Vierge, à saint Michel Archange, saint Jean-Baptiste, aux Apôtres saint Pierre et saint Paul, et à tous les Saints, que j'ai beaucoup péché par pensées, par paroles et par actions : c'est ma faute, c'est ma faute, c'est ma très-grande faute. C'est pourquoi je supplie la bienheureuse Marie toujours Vierge, saint Michel Archange, saint Jean-Baptiste, les Apôtres saint Pierre et saint Paul, tous les Saints, de prier pour moi le Seigneur notre Dieu.

Les Com-man-de-mens de Dieu.

Un seul Dieu tu a-do-re-ras,
Et ai-me-ras par-fai-te-ment.
Dieu en vain tu ne ju-re-ras,
Ni au-tre cho-se pa-reil-le-ment.
Les Di-man-ches tu gar-de-ras,
En ser-vant Dieu dé-vo-te-ment.
Tes pè-re et mè-re ho-no-re-ras,
A-fin que tu vi-ves lon-gue-ment.
Ho-mi-ci-de point ne se-ras,
De fait ni vo-lon-tai-re-ment.
Lu-xu-ri-eux point ne se-ras,
De corps ni de con-sen-te-ment.
Le bien d'au-trui tu ne pren-dras,
Ni re-tien-dras à ton es-cient.
Faux té-moi-gna-ge ne di-ras,
Ni men-ti-ras au-cu-nement.
L'œu-vre de la chair ne de-si-re-ras,
Qu'en ma-ri-a-ge seu-le-ment.
Biens d'au-trui ne con-voi-te-ras,
Pour les a-voir in-jus-te-ment.

Les Commandemens de Dieu,

UN seul Dieu tu adoreras,
Et aimeras parfaitement.
Dieu en vain tu ne jureras,
Ni autre chose pareillement.
Les Dimanches tu garderas,
En servant Dieu dévotement.
Tes père et mère honoreras,
Afin que tu vives longuement,
Homicide point ne seras,
De fait ni volontairement.
Luxurieux point ne seras,
De corps ni de consentement.
Le bien d'autrui tu ne prendras,
Ni retiendras à ton escient.
Faux témoignage ne diras,
Ni mentiras aucunement.
L'œuvre de la chair ne desireras,
Qu'en mariage seulement.
Biens d'autrui ne convoiteras,
Pour les avoir injustement.

****

Les Com-man-de-mens de l'E-gli-se.

LES Fétes tu sanc-ti-fi-e-ras,
Qui te sont de com-man-de-ment.
Les Di-man-ches la Mes-se ou-ï-ras,
Et les fé-tes pa-reil-le-ment.
Tous tes pé-chés con-fes-se-ras,
A tout le moins u-ne fois l'an.
Ton Cré-a-teur tu re-ce-vras,
Au moins à Pâ-ques hum-ble-ment.
Qua-tre-temps vi-gi-les jeu-ne-ras,
Et le ca-rê-me en-tiè-re-ment.
Ven-dre-di chair ne man-ge-ras,
Ni le sa-me-di mê-me-ment.

****

La Bé-né-dic-tion de la Ta-ble.

Au nom du Pè-re, et du Fils et du Saint-
Es-prit. Ainsi soit-il.

QUE la main de Je-sus-Christ nous bé-
nis-se, et la nour-ri-tu-re que nous al-lons
pren-dre.

Grâ-ces.
Au nom du Père, et du Fils, etc.

NOus vous ren-dons grâ-ces de tous vos
bien-faits, ô Dieu tout-puis-sant ! qui vivez et ré-gnez dans tous les siè-cles des
siè-cles. Ain-si soit-il.

Les

Les Commandemens de l'Eglise.

L E s fêtes tu sanctifieras,
Qui te sont de commandement.
Les Dimanches la Messe ouïras,
Et les fêtes pareillement.
Tous tes péchés confesseras,
A tout le moins une fois l'an.
Ton Créateur tu recevras,
Au moins à Pâques humblement.
Quatre-temps, vigiles jeûneras,
Et le carême entièrement.
Vendredi chair ne mangeras,
Ni le samedi mêmement.

La Bénédiction de la Table.

Au nom du Père, et du Fils, et du
Saint-Esprit. Ainsi soit-il.

Q U E la main de Jesus-Christ nous bénisse, et la nourriture que nous allons prendre.

Grâces.

Au nom du Père, et du Fils, etc.

N o u s vous rendons grâces de tous vos bienfaits, ô Dieu tout puissant ! qui vivez et régnez dans tous les siècles des siècles. Ainsi soit-il.

F

*I-dé-e de Dieu et de son pou-voir sur
tou-tes les cré-a-tu-res.*

CE Dieu maî-tre ab-so-lu de la ter-re
  et des cieux,
N'est point tel que l'er-reur le fi-gu-re à
  vos yeux ;
L'E-ter-nel est son nom, le mon-de est
  son ou-vra-ge :
Il en-tend les sou-pirs de l'hum-ble qu'on
  ou-tra-ge ;
Ju-ge tous les mor-tels a-vec d'é-ga-les
  lois ,
Et, du haut de son trô-ne , in-ter-ro-ge
  les Rois.
Des plus fer-mes É-tats la chû-te é-pou-
  van-ta-ble ,
Quand il veut, n'est qu'un jeu de sa
  main re-dou-ta-ble.

Es-ther, Tra-gé-di-e de M. RA-CI-NE,

Idée de Dieu et de son pouvoir sur toutes les créatures.

CE Dieu, maître absolu de la terre et des cieux,
N'est point tel que l'erreur le figure à vos yeux.
L'Eternel est son nom, le monde est-son ouvrage ;
Il entend les soupirs de l'humble qu'on outrage.
Juge tous les mortels avec d'égales lois,
Et, du haut de son trône, interroge les Rois.
Des plus fermes Etats, la chûte épouvantable,
Quand il veut, n'est qu'un jeu de sa main redoutable.

Esther, Tragédie de M. RACINE.

Idée de Dieu et de son pouvoir sur toutes les créatures.

CE Dieu, maître absolu de la terre et des cieux ;
N'est point tel que l'erreur le figure à vos yeux.
L'Eternel est son nom, le monde est son ouvrage ;
Il entend les soupirs de l'humble qu'on outrage :
Juge tous les mortels avec d'égales lois.
Et, du haut de son trône, interroge les Rois.
Des plus fermes Etats la chûte épouvantable,
Quand il veut n'est qu'un jeu de sa main redoutable.

Esther, Tragédie de M. RACINE.

Au-tre i-dé-e de la tou-te-puis-san-ce de Dieu.

Mé-me Tra-gé-die.

Que peu-vent con-tre lui tous les Rois
de la terre ?
En-vain ils s'u-ni-roient pour lui fai-re la
guer-re.
Pour dis-si-per leur li-gue , il n'a qu'à se
mon-trer ;
Il par-le, et dans la pou-dre il les fait
tous ren-trer.
Au seul son de sa voix , la mer fuit , le ciel
trem-ble ;
Il voit com-me un né-ant tout l'u-ni-vers
en-sem-ble.
Et les foi-bles hu-mains , vains jou-ets
du tré-pas.
Sont tous de-vant ses yeux com-me s'ils
n'é-toient pas.

Autre idée de la toute-puissance d Dieu.

Même Tragédie.

QUE peuvent contre lui tous les rois de la terre ?
En vain ils s'uniroient pour lui faire la guerre.
Pour dissiper leur ligue, il n'a qu'à se montrer ;
Il parle, et dans la poudre il les fait tous rentrer.
Au seul son de sa voix, la mer fuit, le ciel tremble;
Il voit comme un néant tout l'univers ensemble.
Et les foibles humains, vains jouets du trépas,
Sont tous devant ses yeux comme s'ils n'étoient pas.

Autre idée de la toute-puissance de Dieu.

Même Tragédie.

QUE peuvent contre lui tous les rois de la terre ?
En vain ils s'uniroient pour lui faire la guerre.
Pour dissiper leur ligue, il n'a qu'à se montrer :
Il parle, et dans la poudre il les fait tous rentrer.
Au seul son de sa voix, la mer fuit, le ciel tremble;
Il voit comme un néant tout l'univers ensemble.
Et les foibles humains, vains jouets du trépas,
Sont tous devant ses yeux comme s'ils n'étoient pas

F 3

Au-tre mor-ceau de M. Ra-ci-ne.

J'AI vu l'im-pi-e a-do-ré sur la ter-re ;
Pa-reil au cè-dre, il por-toit dans les cieux
    Son front au-da-ci-eux ;
Il sem-bloit à son gré, gou-ver-ner le
    ton-ner-re,
Fou-loit aux pieds ses en-ne-mis vain-cus.
Je n'ai fait que pas-ser, il n'é-toit dé-jà
    plus.

Por-trait de l'hy-po-cri-te.

Par M. Rous-seau.

L'Hy-po-cri-te, en frau-des fer-ti-le,
Dès l'en-fan-ce est pé-tri de fard ;
Il sait co-lo-rer a-vec art
Le fiel que sa bou-che dis-til-le,
Et la mor-su-re du ser-pent
Est moins ai-gue et moins sub-ti-le,
Que le ve-nin ca-ché que sa lan-gue
    ré-pand.

⚫⚫⚫⚫⚫⚫⚫⚫⚫⚫⚫⚫⚫⚫⚫⚫⚫⚫⚫⚫⚫⚫⚫⚫⚫⚫⚫⚫⚫⚫⚫⚫⚫⚫⚫⚫

Autre morceau de M. Racine.

J'*ai vu l'impie adoré sur la terre :*
Pareil au cèdre, il portoit dans les cieux
        Son front audacieux :
Il sembloit, à son gré, gouverner le
        tonnerre ;
Fouloit aux pieds ses ennemis vaincus.
Je n'ai fait que passer, il n'étoit déjà plus.

⚫⚫⚫⚫⚫⚫⚫⚫⚫⚫⚫⚫⚫⚫⚫⚫⚫⚫⚫⚫⚫⚫⚫⚫⚫⚫⚫⚫⚫⚫⚫⚫⚫⚫⚫

Portrait de l'hypocrite.

Par M. Rousseau.

L'Hypocrite, en fraudes fertile,
Dès l'enfance est pétri de fard ;
Il sait colorer avec art
Le fiel que sa bouche distille,
Et la morsure du serpent
Est moins aigue et moins subtile,
Que le venin caché que sa langue répand.

Stan-ce sur la mort.

La mort a des ri-gueurs à nul-le au-tre
pareilles :
On a beau la pri-er ;
La cru-elle qu'el-le est, se bou-che les
o-reil-les,
Et nous lais-se cri-er.
Le pau-vre en sa ca-ba-ne, où le chau-me
le cou-vre,
Est su-jet à ses lois ;
Et la gar-de qui veil-le aux bar-riè-res du
Lou-vre,
N'en dé-fend pas les Rois.

Stan-ce sur la Mort.

La mort a des ri-gueurs à nul-le au-tre
pa-reil-les ;
On a beau la pri-er ;
La cru-elle qu'el-le est, se bou-che les
o-reil-les,
Et nous lais-se cri-er.
Le pau-vre en sa ca-ba-ne, où le chau-
me le cou-vre,
Est su-jet à ses lois ;
Et la gar-de qui veil-le aux bar-riè-res
du Lou-vre,
N'en dé-fend pas les Rois.

Stance sur la Mort.

LA mort a des rigueurs à nulle autre
    pareilles :
        On a beau la prier ;
La cruelle qu'elle est , se bouche les
    oreilles ,
        Et nous laisse crier.
Le pauvre en sa cabane, où le chaume le
    couvre ,
        Est sujet à ses lois ;
Et la garde qui veille aux barrières du
    Louvre ,
        N'en défend pas les Rois.

Stance sur la Mort.

LA mort a des rigueurs à nulle autre
    pareilles :
        On a beau la prier ;
La cruelle qu'elle est , se bouche les
    oreilles ,
        Et nous laisse crier.
Le pauvre en sa cabane où le chaume le
    couvre ,
        Est sujet à ses lois ;
Et la garde qui veille aux barrières du
    Louvre ,
        N'en défend pas les Rois.

INSTRUCTION

Pour les Personnes qui enseignent à lire.

S'IL se trouve quelque enfant qui ne sache point lire après ces différentes leçons, il ne faut pas aller plus loin, parce que les règles et les opérations suivantes ne sont destinées qu'à perfectionner la lecture, et à donner aux enfans les premières idées de l'ortographe et de la prononciation. Il n'y a alors d'autre parti à prendre que de faire recommencer à l'élève tardif, les élémens de lecture qu'il a déjà vus, simples ou composés, suivant que les premiers essais auront plus ou moins réussi.

On trouve ici, depuis la page 71 jusqu'à la page 86, une suite de voyelles et consonnes simples et composées, placées suivant l'ordre alphabétique, avec des exemples qui rendent familière la différente prononciation de ces voyelles ou consonnes. Il faut faire lire cette partie avec le plus grand soin, et y revenir plus d'une fois : le plus sûr moyen seroit de la faire écrire, dès que les enfans sont en état de modeler leurs lettres.

On a suivi l'ordre alphabétique, pour mettre les élèves en état de trouver aisément chaque lettre ou son, lorsqu'ils se trouveront arrêtés sur quelque prononciation.

Des voyelles longues et des voyelles brèves.

Les voyelles longues sont celles qui se prononcent lentement.	Les voyelles brèves sont celles qui se prononcent promptement.
EXEMPLES.	EXEMPLES.
le hâle	une halle
un mâtin	le matin
un mâle	une malle
une châsse	la chasse
de la pâte	une patte
une tâche	une tache
un hêtre	une herse
un prêtre	une prêtresse
un gîte	le giron
un goître	une goinfre
un cloître	une cloison
une bûse	un buste
une mûse	une mule

ai se prononce *é*		ai se prononce *è*	
on écrit ,	on prononce	on écrit	on prononce
j'aimai	j'émé	baisser	bèsser
je donnai	je donné	abaissement	abèssement
je lirai	je liré	biaiser	bièser
je ferai	je feré	caissier	kèssier
ay se prononce *ey*		niaiser	nièser
on écrit	on prononce	mauvais	mauvès
rayon	réyon	naître	nètre
crayon	créyon	maître	mètre
payer	péyer	notaire	notère
pays	péis	plaire	plère
paysan	peïsan		

am a quelquefois le même son | *an* a quelquefois le même son
qu'*em*. | qu'*en*

ambition	empire	avant	avent
ample	emploi	bannir	mentir
flamme	femme	demande	amende
lampe	remplir	range	fente
tambour	temple	andes	lente

ain, *ein*, *im*, ont le même son | *eau* a le même son que *au*

dédain	desseindestin	anneau	naufrage
essaim	refrein mutin	bateau	taupe
grain	sein fin	bedeau	daube
faim	plein vin	caveau	vautour
humainserein serin		flambeau	baume
pain	peint pin	gâteau	autel
plainte	teinte singe	hameau	mauve
sainte	feinte quinte	morceau	sauce
		pinceau	sauteur
		rouleau	laudes

aen, *ean*, *ent*, *aon*, se prononce an ; ils ont le même son dans

Caen, Jean, dent, paon, faon, Laon.

excepté :

taon et taonner.

---

c se prononce *s* et *k*.

EXEMPLES.

façade	arcade	maçon	Mâcon
glaçon	balcon	forçat	placard
Provençalecascade		conçu	vaincu
rançon	flacon	rinçures	rancune
garçon	gascon		

c final

c final ne se prononce point devant une consonne.

EXEMPLES.

Blanc raisin
clerc novice
franc fripon
porc frais
marc d'or.

c final se prononce devant une voyelle.

EXEMPLES.

du blanc au noir
de clerc à maître
franc étourdi
porc épic
Marc Antoine

c se prononce à la fin de plusieurs mots.

EXEMPLES.

almanac   ammoniac
estomac   tabac
aspect   avec
aspic   syndic
baroc   estoc
musc   Turc

c ne se prononce point lorsqu'il est suivi d'une consonne. Il faut écrire,

un estomac plein
du tabac d'Espagne

mais il faut prononcer

un estoma plein
du taba d'Espagne

ch se prononce *che* et *ke*.

EXEMPLES.

change   archange
charité   eucharistie
afficheur   chorographie
échoppe   chœur
chocolat   chorus
choc   écho
chûte   catéchumène
chimie
chuchotter

chr se prononce *kre*

EXEMPLES.

chrétien
saint-chrême
chrétiennement
Christophe
christianisme
chronique
chronographe
chronologie
chrysalide

G

c se prononce quelquefois *g*

EXEMPLES.

On écrit	On prononce
Claude	Glaude
cicogne	cigogne
second	segond
secondement	segondement
seconder	segonder
secret	segret
secrétaire	segrétaire.
secrétariat	segrétariat.

---

d se prononce *t* à la fin des mots , lorsqu'il est suivi d'une voyelle ou d'une *h* non aspirée.

EXEMPLES.

On écrit	On prononce
grand apôtre	grant apôtre
garnd écrivaiu	grant écrivain
grand homme	grant homme
second hymenée	secont hymenée
second article	secont article
quand il boit	quant il boit
quand on veut	quant on veut
vend-il ?	vent-il ?
vend-elle ?	vent-elle ?
vend-on ?	vent-on ?
se défend-il ?	se défent-il ?
perd-elle ?	pert-elle ?

On supprime le *d* dans le mot *pied.* On dit , *mettre. pié à terre* , et non pas *piéd à terre.*

e est ouvert dans tous les monosyllabes terminés par un *s*.

Il faut prononcer

ces des les mes
ses tes ,

comme s il y avoit l'accent grave

cès dès lès mès
sès tès ,

Il y a une exception pour le discours familier : on le prononce fermé , comme s'il y avoit l'accent aigu.

on écrit	on prononce
ces livres	cés livres
des hommes	dés hommes
les femmes	lés femmes
mes gens	més gens
ses habits	sés habits
tes meubles	tés meubles

eu se prononce comme *u*.

on écrit	on prononce
Eustache	Ustache
à jeun	à jun

e est encore ouvert devant quelques consonnes.

appel	j'appelle
bel	belle
cartel	il écartelle
chancel	il chancelle
hydromel	hirondelle
nouvel	nouvelle
amer	cancer
enfer	Jupiter
hier fier	mer , etc.

e est fermé devant une consonne dans les mots suivans.

on écrit	on prononce
amandier	amandié
barbier	barbié
cordelier	cordelié
damier	damié
jardinier	jardinié
ouvrier	ouvrié
pâtissier	pâtissié
savetier	savetié

gm se prononce *gue-me* dans plusieurs mots.

on écrit	on prononce
stigmates	sti-gue-ma-tes
augmenter	au-gue-men-ter
diaphragme	dia-phra-gue-me
énigmatique	é-ni-gue-ma-ti-que

G 2

gn se prononce *gue-ne* dans quelques mots.

on écrit	on prononce
inexpugnable	in-ex-pu-gue-na-ble
magnétique	ma-gue-né-ti-que
gnôme	gue-nô-me.

gn se prononce quelquefois simplement *n*.

on écrit	on prononce
assignation	assination
assigner	assiner
magnifique	manifique
signer	siner

on écrit	on prononce
incognito	inconito

comme dans

épargne épagneul

---

h aspirée. On prononce l'h dans les mots suivans.	*h* non aspirée. On ne prononce point l'h dans les mots suivans	*h* ne se prononce point quand elle est après une consonne.	
		on écrit	on prononce
hache	habit	l'heure	leure
haro	habile	l'histoire	listoire
héros	héroïne	l'honneur	lonneur
hibou	histoire	l'humeur	lumeur
hotte	hôte	théologie	téologie
hûre	heure	adhérer	adérer
housse	horloge	rhéteur	réteur
hautbois	hôpital	Rhin	Rin
houlette	hôtel	Rhône	Rône
Hollande	hostilité	rhubarbe	rubarbe
huguenot	humanité	rhume	rume

Une *l* simple ou deux *ll* précédées de la voyelle *i*,
ont un son liquide ou mouil'é.

ail	aille	eil	eille
bail	bataille	appareil	abeille
caïl	canaille	conseil	corbeille
corail	écaille	orgueil	groseille
détail	futaille	orteil	treille
émail	grisaille	pareil	pareille
gaillard	limaille	réveil	merveille
mail	muraille	sommeil	sommeille
portail	paille	soleil	oseille
sérail	tenaille	vermeil	vermeille
vieillard	Versailles	vieil	vieille

il	ille	ouil ouille	euil euille
Avril	aiguille	fenouil	Auteuil
chenil	cheville	andouille	Argenteuil
gril	étrille	verouil	Arcueil
fournil	famille	bredouille cerfeuil	
mil *graine* mandille	citrouille Choiseuil		
nombril	quille	dépouille	écureuil
péril	pointille	gazouille	fauteuil
persil	quadrille	grenouille feuille	
sillon		fa fouille seuil	

exception

gargouille veuille
Gille ville patrouille
mil *nombre* mille rouille
subtil subtile souillure

G 3

m se prononce quelque-fois *n*.

n à la fin des monosyllabes se joint toujours à la voyelle suivante et à l'*h* non aspirée.

EXEMPLES.

on écrit	on prononce
Ambassade	Anbassade
Bombarder	bonbarder
compter	conter
combien	conbien
damnation	dannation
emmener	enmener
exempter	exenpter
importun	inportun
nombre	nonbre
ombrage	onbrage
pompeux	ponpeux
prompt	pront
Samson	Sanson

m se prononce dans les mots suivans.

Amsterdam immobile
amnistie infâmie
calomnie présomptif
exemption somptueux
hymne somnambule
indemnité symptôme
immédiat immense

EXEMPLES.

on écrit	on prononce
bien adroit	bien n'adroit
bien instruit	bien n'instruit
bien ombragé	bien n'ombragé
bien utile	bien n'utile
bien habile	bien n'habile
bien heureux	bien n'heureux
bien historié	bien n'historié
bien honnête	bien n'honnête
bien humide	bien n'humide
on avance	on n'avance
l'on instruit	l'on n'instruit
bon enfant	bon n'enfant
mon ouvrage	mon n'ouvrage
rien en tout	rien n'en tout
son ami	son n'ami
ton habit	ton habit
mon honneur	mon n'honneur

oi se prononce *oi* et *ai*	*ph* se prononce *f*
EXEMPLES.	EXEMPLES.

avoir	avoit	Phaëton
boire	buvoit	alpha
croisée	chantoit	Pharaon
devoir	devoit	asphalte
exploit	contemploit	pharmacie
foire	foible	emphâse
gloire	Anglois	phrase
histoire	j'étois	emphatique
mâchoire	mâchoit.	Phébus
noire	connoît	prophête
poire	coupoit	phénomène
roitelet	roide	prophétique
soirée	pensoit	Amphyon
toison	comptoit	philtre
voirie	lisoit	amphibie
Chinois	connois	géographie
Danois	Charelois	philosophie
S. François	François	physique
Gaulois	Bordelois	métaphore
l'Artois	Ecossois	phosphore
Génois	Hollandois	
Siamois	Bourbonnois	

Il n'y a que l'usage qui apprenne cette différence.

pt se prononce *ps*.

p se prononce à la fin des monosyllabes avant une voyelle ou une *h* non aspirée.

EXEMPLES.

aptitude	nuptial
adoptif	adoption
corruptible	corruption
Egypte	Egyptien
inepte	ineptie
présomptif	présomption
optique	option
obreptice	obreption
souscripteur	souscription
subreptice	supreption

pt se prononce quelquefois simplement *t*.

EXEMPLES.

EXEMPLES.

trop aimable trop habile
trop étourdi trop héroïque
trop insolent trop historié
trop opulent trop honorable
trop utile trop humain

p ne se prononce pas devant une consoune ou une *h* aspirée.

trop badin trop hardi
trop délicat trop hérissé
trop difficile trop hideux
trop colère trop honteux
trop durement trop hupé

On ne prononce point le *p* dans le mot *loup*.

on écrit	*on prononce*
Apt *ville*	At
baptême	batême
compte	comte
ptisane	tisane
présomptif	présomtif
somptueux	somteux
sept	set
septième	setième
symptôme	symtôme
sculpteur	sculteur
sculpture	sculture

q se prononce à la fin des mots *cinq* et *coq*, lorsqu'ils sont avant une voyelle ou une *h* non aspirée.

cinq amandes un coq étranger
cinq hommes un coq irrité

q ne se prononce point devant une voyelle.

on écrit	*on prononce*
cinq figues	c'n figues
cinq pommes	cin pommes
un coq d'inde	un co d'inde

qua se prononce *coua* dans les mots suivans.

on écrit	on prononce
aquatique	acouatique
équateur	écouateur
équation	écouation
quadragénaire	couadragénaire
quadrangulaire	couadrangulaire
quadragésime	couadragésime
quadrature	couadrature
quadrupéde	couadrupéde
des in-quarto	des in-couarto.

quinqua se prononce *cuincoua* dans les mots suivans.

on écrit	on prononce
quinquagénaire	cuincouagénaire
quinquagésime	cuincouagésime
quinconce	cuinconce
Quintilien	Cuintilien
Quinte-curce	Cuinte-Cnrce
equestre	écuestre
questeur.	cuesteur

r se prononce doucement à la fin des mots lorsqu'il suit une voyelle ou une *h* non aspirée.

aimer ardemment
servir efficacement
partir incognito
parler obligeamment
se présenter humblement
arriver heureusement
se retirer honnétement

r ne se prononce pas lorsqu'il est suivi d'une consonne ou d'une *h* aspirée.

on prononce sans *r*.

aimer tendrement
servir proprement
partir secrétement
parler facilement
se présenter hardiment
se retirer honteusement.

deux *ss* entre deux voyelles se prononcent toutes deux.	*s* entre deux voyelles a le son d'un *z*.	*s* se prononce *z* à la fin des mots, lorsqu'il suit une voyelle ou une *h* non aspirée.	
basse	base	bons amis	*Exception pour le discours fami-lier où l'on dit sans s.*
bassin	bâsin	grands enne-	
boisseau	oiseau	mis gros inté-	
buisson	oison	rêts petits obs-	
casser	causer	tacles anciens	sages et vertueux
chausse	chose	usages longues	belles et bonnes
coussin	cousin	habitudes	bonnes à manger
écrevisse	église	premiers hon-	douces au goût.
massue	mâsure	neurs	
moisson	maison	après eux	*comme s'il y avoit*
poisson	poison	mes ouvrages	
rosse	rose	tes officiers	
ruisseau	roseau	les affronts	sage et vertueux
tasse	extâse	leurs amis	belle et bonne
vassal.	vâse	les ennemis	bonne à manger
		nos enfans	douce au goût.
		bonnes affaires	
		tes offres	*s* se prononce
Il faut excepter		ses appas	toujours à la
		tous ensemble	fin des mots.
chasse	Asdrubal	très-éloquent	
résusciter	disgrace	très-honnêtes	Agnus
préséance	presbytère	vous et moi	Bacchus
présentir	transiger	ils iront	Bolus
présentiment	transaction	elles en sont	Cadmus
	transition		Crésus
	Tishé		Darius
	tranvâser		Danaüs
			Iris, Mars
			Momus
			Phalaris
			Pirithoüs
			Romulus
			Sémiramis

sc se prononce sq dans les mots suivans.	sc se prononce sç dans les mots suivans.	t se prononce à la fin des mots lorsqu'il suit une voyelle ou une h non aspirée.
		EXEMPLES.
sçaramouche	sçavant	fort aimable
scapulaire	sçavoir	fort entier
Scamandre	scélérat	tout entier
scandale	scène	cent hommes
scarification	sceptre	petit ignorant
Scaron	sceaux	savant écrivain
scribe	scier	savaant homme
Scot	science	
scorbut	sciure	t ne se prononce point lorsqu'il suit une consonne ou une h aspirée.
scorpion	scion	
sculpteur	faisceaux	
scrupule		EXEMPLES.
scrutin	on écrit	fort content
		fort honteux
	schisme	tout nouveau
		tout hors d'haleine
	on prononce	petit faquin
	chisme	

Il faut dire aussi sans *t*
un fort imprenable
un enfant instruit
un port à couvert
savant et poli, etc.

Quelquefois *t* ne se prononce
point à la fin des mots.

EXEMPLES.

tia se prononce aussi *sia*

EXEMPLES.

avant		Astianax	Abbatial
aspect	aspect agréable	bestial	initial
district	district étendu	bestialité	Martial
instinct	instinct admirable	tiâre	nuptial
respect	respect infini		
suspect	suspect en tout		

tie se prononce aussi *sie*	*tieux* se prononce toujours *sieux*.	*tien* se prononce toujours *tien*.
EXEMPLES.		
amnistie aristocratie	**EXEMPLES**	**EXEMPLES.**
amitié balbutier	ambitieux	chrétien
amortie démocratie	captieux	entretien
hostie essentiel	facétieux	maintien
moitié ineptie	factieux	soutien
ortie initier	séditieux	
partie minutie		*à l'exception des deux mots.*
rôtie prophétie		Capétien
		Egyptien

tio se prononce *sio*

bastion action
combustion collation
gestion faction
question nation

---

u forme un son séparé de l'*i* dans les mots suivans.	l'*u* se confond avec l'*i* dans les mots suivans.
Ambiguité, anguille, aiguiser, appui, autrui aujourd'hui, buisson conduire, cuivre, fluide, Guise, instruire, luire, muids, nuire, puise, ruine, suivre, suicide, traduire, etc.	anguille, béguine, béquille, bourguignon, déguiser, figuier, guide, guider, Guillaume, guillemet, guise, sanguinaire, vuide, vuider, etc.

s se

x se prononce ss dans les mots suivans.	x a le son de deux ss dans les mots suiv.	x a le son d'un z dans les mots suiv.	z rend fermé l'e qui le précède dans les mots suivans :
Alexandre	Auxerre	*on écrit on prononce*	allez-y
Alexis	Bruxelles		venez-y
axiome			
auxiliaire	et le son d'une s dans les mots suiv.	sixain sizain	z rend ouvert l'e qui le précède dans les mots suivans.
fixer		sixième sizième	
taxer		dixain dizain	
	Xaintonge	dixième dizième	
x se prononce gz dans les mots suiv.	soixante	x a le son du z à la fin des mots, ayant une voyelle :	Sanchez
			Rodriguez
examen			
exemple		beaux yeux	
exiler		officieux ami	
exorde		généreux ennemi	
exumer		précieux office	

y a le son de deux ii entre deux voyelles.	y n'a que le son d'un i entre deux consonnes.	Lorsque une voyelle a deux points, elle doit être prononcée séparément de celle qui la précède.
aboyer	amygdales	EXEMPLES.
Bayonne	collyre	
bégayer	diachylon	athéïsme poëte
crayonner	hydropisie	Caën Pirithoüs
employer	lymphe	déïste Raphaël
fayancier	olympe	haïr Saül
larmoyer	physique	Judaïque stoïcien
moyen	sympathie	laïque
noyer	symptômes	Moïse
payer		naïf
rayonner		païs

11

INSTRUCTION

Pour les Personnes qui enseignent à lire.

POUR mieux faire connoître aux enfans
les voyelles longues et celles qui sont
brèves, il faut enfin leur mettre sous les
yeux, un petit extrait du traité qu'en a
fait M. l'abbé d'Olivet. C'est un ouvrage
neuf et précieux, qui devroit être entre
les mains de tous ceux qui ont le goût de
notre langue.

M. l'abbé d'Olivet divise les voyelles
en longues, brèves et douteuses, mais
pour ne point embarrasser les enfans, on
ne les divise ici qu'en longues et brèves.

PROSODIE FRANÇOISE.

A, *première lettre de notre alphabet*, long.

A, *préposition et verbe*, est bref.

Un petit a,
un grand a
une panse d'a (1),
il ne sait ni a ni b.

Je suis à Paris,
j'écris à Rome,
il a été,
il a parlé.

A, long *dans*
âcre, âge, agnus,
ame, âne, anus,
âpre, etc.

A, bref *dans*
Apôtre, apprendre
altéré, il chanta,
etc.

ABE, long *dans*
Arabe, astrolabe.

ABE, bref *dans*
syllabe, syllabaire.

ABLE, long *dans*
cable, diable, érable, fable, rable,
sable, on accable,
il hable.

ABLE, bref *dans*
aimable, capable,
durable, raisonnable, table, étable.

ABRE, toujours long,
cinabre, sabre, il
se cabre, délabrer,
se cabrer.

AC, toujours bref,
Almanac, bac, sac,
estomac, tillac.

les pluriels toujours longs.

(1) *Panse* veut dire *ventre*. Il signifie ici la partie de la lettre qui avance.

H 2

Ace, long *dans* espace, grâce, on lance, on délasse, on entrelace.

Ace, bref *dans* audace, glace, préface, tenace, vorace, place.

Monsieur Despréaux ne connoissoit point sans doute, cette délicatesse, lorsqu'il a fait rimer *préface* avec *grâce*.

Un auteur à genoux dans une humble préface.
Au lecteur qu'il ennuie a beau demander grâce.

Ache, long *dans* lâche, gâche, tâche, se fâcher, mâcher, relâcher, etc.

Ache, bref *dans* tache, moustache, vache, Eustache, il se cache, etc.

Acle, toujours long: racler, oracle, miracle, obstacle, spectacle, tabernacle.

Acre, long *dans* âcre, *piquant*, sacre, *oiseau*.

Acre, bref *dans* acre, *de terre*, diacre, nacre, sacre *du Roi*.

Ade, toujours bref. aubade, cascade, fade, sérénade, il persuade, etc.

ADRE, long *dans* cadre, escadre, quadrer, encadrer, madré.

ADRE, bref *dans* ladre.

AFFE, APHE, AFFRE, toujours brefs : cartaffe, épitaphe, agraffe, saffre, baffre, etc.

AFLE, long *dans* rafle, je rafle, rafler, érafler,

AGE, long *dans* âge.

AGE, bref, *dans* rage, page.

AGNE, long *dans* je gagne, gagner.

AGNE, bref *dans* campagne, Ascagne.

AGUE, bref *dans* bague, dague, vague, extravaguer, etc.

AIGNE, toujours bref: châtaigne, baigner, daigne, saigner,

AIGRE, long *dans* maigre, maigreur.

AIGRE, bref *dans* aigre, vinaigre.

AIL, bref *dans* bercail, bétail, éventail, etc.

Les pluriels longs.

H 3

AILLE, long *dans* bataille, caille, maille, railler, rimailler, etc.

AILLE, bref *dans* médaille, émailler, travailler, *et aux indicatifs :* je détaille, j'émaille, je bataille.

AILLET et AILLIR, toujours brefs : maillet, paillet, j'aillir, assaillir.

AILLON, long *dans* baillon, haillon, penaillon, nous taillons.

AILLON, bref *dans* bataillon, médaillon, émaillons, détaillons, travaillons, etc.

AINE, long *dans* chaîne, haîne, gaîne, je traîne.

AINE, bref *dans* fontaine, plaine, capitaine, hautaine, souveraine.

AIRE, long *dans* une aire, chaire, une paire, il éclaire, etc.

AIR, bref *dans* l'air, chair, éclair, pair.

AIS, AISE, AISSE, toujours longs : palais, plaise, caisse, qu'il paisse.

AIT, AITE, bref *dans* il plaît, il naît, il paît, faîte, attraits, parfaits, etc.

AIT, AITE, brefs *dans* attrait, il fait, lait, parfait, parfaite, retraite.

ALE, long *dans* hâle, | AL, ALE, ALLE, brefs
pâle, mâle, râle, | *dans* royal, bal,
râler, hâle, pâleur, | moral, cigale, mal-
etc. | le, scandale, etc.

AME, AMME, longs | AME, AMME, brefs
dans ame, infâme, | *dans* dames, épi-
blâme, flamme, | gramme, estame,
nous aimâmes, nous | rame, enflammer,
chantâmes, et *tous* | j'enflamme, etc.
les prétér: en âmes.

ANE, ANNE, ANN, | ANE, ANNE, brefs
longs *dans* crâne, | *dans* cabane, or-
les mânes, de la | gane, organiste,
manne, damner, | panne, pannetier.
condamner, etc.

APE, long *dans* râpe, | APE, APPE, brefs *dans*
râpé, râper. | Pape, frappe, frap-
| per, sappe, sapper.

ARE, ARRE, longs | ARE, ARRE, brefs
dans avare, bar- | *dans* avarice, bar-
bare, barre, bi- | barie, je m'égarois
sarre, je m'égare, | amarrer, *etc.*
tiare, barreau,
barrière, larron,
carrosse, carrière.

AVE, long *dans* con- | AV, AVE, brefs *dans*
clave, entrave, | conclaviste, gra-
grave, je pave, | vier, aggraver, pa-
etc. | veur, etc.

Ecs, long *dans* les Grecs, les échecs.

Ec, bref *dans* sec, Grec, échec.

Eble, Ebre, Ece, brefs dans hièble, funèbre, nièce, pièce.

Eche, long *dans* bê-che, lèche, griè-che, revêche, pê-che, *fruit ou l'ac-tion de prendre du poisson.*

Eche, bref *dans* ca-lèche, flèche, fla-mèche, sèche, brè-che, péché, pé-cher.

Ecle, Ede, Eder, brefs *dans* siècle, tiède, remède, céder, posséder, etc.

Ée, toujours long *à la fin des mots* : pensée, aimée ;

et ainsi des autres voyelles, suivies d'un e *muet ;* lie, jolie, nue, etc.

Ef, Effe, longs *dans* chef, greffe, etc.

Ef, Effe, brefs *dans* chef, bref, effet, etc.

Efle, long *dans* nefle.

Effle, bref *dans* treffle.

Ege, long *dans* col-lège, sacrilège, siège, etc.

Ege, Egle, Eigle, brefs *dans* léger, règle, seigle, etc.

EGNE , long *dans* règne , duègne , etc.

EGNE , EIGNE , brefs *dans* impregne , peigne , enseigne , qu'il feigne.

EGRE , EGUE , brefs *dans* alléguer , bégue , collègue , intègre , nègre , etc.

EIL , EILLE , longs *dans* vieil , vieillard , vieillesse.

EIL , EILLE , brefs *dans* soleil , abeille, sommeille , etc.

EIN , EINT , longs *au pluriel :* dépeints desseins , sereins.

EIN, EINT, brefs *dans* atteint , dépeint , dessein , serein , etc.

EINE , long *dans* reine.

EINE , *presque* bref *dans* peine , veine.

EINTE , toujours long *dans* atteinte , dépeinte , feinte , etc.

EITRE , long *dans* reître.

ELE , ELLE , longs *dans* zèle , poële , frêle , pêle-mêle , il grêle , il se fêle , parallèle.

ELE , ELLE , brefs *dans* modèle , fidèle , immortelle , rebelle , etc.

EM , EN , longs *dans* temple , exemple , gendre , prendre , cimenter , tenter.

EM , EN , brefs *lorsque la consonne est redoublée , comme dans* emmener ,

ennemi, etc.
et à la fin des mots
item, amen, exa-
men, hymen,
Bethléem.

EME, long *dans* apo-
zème, baptême,
chrême, diadême.

EME, bref *dans* je
sème, tu sèmes, il
sème, etc.

ENE, ENNE, longs
dans alène, chêne,
scène, gêne, frêne,
Athènes, antennes.

ENE, ENNE, brefs
dans qu'il appren-
ne, étrenne, phé-
nomène, qu'il ap-
prenne, etc.

EPE, EPRE, longs
dans crêpe, guêpe,
vêpres.

EPRE, bref *dans* lè-
pre, lépreux, etc.

EPTE, EPTRE, tou-
jours brefs, il ac-
cepte, sceptre,
précepte.

EQUE, long *dans*
Evêque, Arche-
vêque.

EQUE, ECQUE, brefs
dans Grecques, bi-
bliothèque, obsè-
ques.

ER, long *dans* amer,
enfer, hiver, verd,
léger, etc.

ER, bref *dans*
Jupiter, Esther,
et dans les infinitifs
louer manger, etc.

Erc, bref *dans* clerc, etc.

Er, Err, longs *dans* chimère, père, il erre, il espère, sincère, perruque, nous verrons.

Ere, Err, brefs *dans* chimérique, espérer, sincérité, erreur, erroné, errata, etc.

Ese, long *dans* il pèse.

Ese, bref *dans* pèse-t-il ?

Esse, long *dans* abbesse, professe, compresse, on me presse, expresse, cesse, lesse.

Esse, bref *dans* caresse, paresse, tendresse, adresse, etc.

Este Estre, brefs *dans* modeste, leste, terrestre.

Et, Est, longs *dans* arrêt, benêt, forêt, genêt, prêt, acquêt, apprêt, intérêt, têt, protêt, il est, etc. *et dans les pluriels.*

Et, bref *dans* cadet, bidet, sujet, hochet, marmouzet, etc.

Ete, long *dans* bête, fête, honnête, boëte, tempête, quête, arrête, etc.

Ete, bref *dans* Prophête, poëte, comète, tablette, boulette.

ETRE, long *dans* être, ancêtre, salpêtre, fenêtre, prêtre, hêtre, champêtre, guêtre, je me dépêtre.

ETRE, ETTRE brefs *dans* diamètre, il pénètre, lettre, mettre, etc.

EULE, long *dans* meule, veule, etc.

EULE, bref *dans* seule, gueule, etc.

EUNE, long *dans* jeune, *abstinence.*

EUNE, bref *dans* jeune, *en parlant de la jeunesse.*

EURE long *dans cette fille est* majeure, *j'attends depuis une* heure.

EURE, bref *dans* la majeure, *une* heure *entière.*

EVRE, long *dans* orphèvre, lèvre, chèvre, lièvre.

EVR, EVRE, brefs *dans* levrette, chevrier, levraut, chevreuil.

IDRE, YDRE, longs *dans* cidre, hydre.

YDRE, bref *dans* hydromel, *et partout ailleurs.*

IE, long *dans* il crie, il prie, vie, saisie.

IE, bref *dans* crier, prier, etc.

IGE, long *dans* tige, prodige, litige, je m'oblige, il s'afflige.

IGE, bref *dans* obliger, s'affliger, etc.

ICLE

ISLE, long *dans* isle, presqu'isle, etc. | ISLE, bref *par tout ailleurs.*

IRE, long *dans* empire, cire, écrire, il soupire, il désire. | IRE, bref *dans* soupirer, désirer, etc.

ITE, ITRE, longs *dans* bénite, gîte, registre, vîte, etc. | ITE, ITRE, brefs *dans* bénitier, réitérer, titre, arbitre, etc.

IVE, IVRE, longs *dans* tardive, captive, Juive, vivre, ivre, etc. | IVE, IVRE, brefs *dans* captiver, captivité, ivresse, etc.

O, long, *dans* oser, osier, ôter, hôte, etc. | O, bref *par tout ailleurs, et au commencement des mots,* hôtel, hôtellerie.

OBE, long *dans* globe, lobe, etc. | OB, OBE, brefs *dans* globule, obélisque, *et par-tout ailleurs*

ODE, long *dans* roder, je rode. | ODE, bref *dans* mode, antipode.

OGE, long *dans le seul mot,* Doge. | OGE, bref *dans* éloge horloge, déroger, *et par-tout ailleurs.*

OGNE, long *dans* je rogne. | OGNE, bref *dans* rogne, Bourgogne, *et par-tout ailleurs.*

I

OIENT, long *au plu-* | OIT, bref *au singu-*
riel : ils avoient, | *lier :* il avoit, il
ils chantoient. | chantoit.

OIN, long *dans* oint, | OIN, bref *dans* loin,
moins, joindre, | besoin, moins,
pointe. | jointure, appointé.

OIR, OIRE, longs | OIR, OIRE, brefs
dans boire, gloire, | *dans* espoir, ter-
dortoir, histoire, | roir, territoire,
mémoire. | écritoire.

OIS, toujours long | OIS, bref *dans* bour-
à la fin d'un mot ; | geoise, foison, foi-
Anglois, bourgeois. | sonner.
François.

OLE, long *dans* drô- | OL, OLE, OLLE,
le, geôle, môle, | brefs *dans* geolier,
contrôle, rôle, il | contrôleur, rolet,
enjôle, il enrôle, | il vole, (*il dé-*
il vôle, *de* voler | *robe.*)
en l'air.

OM, ON, longs *lors-* | OM, ON, brefs *lors-*
que l'm *ou* l'n *n'est* | *que* l'm *ou* l'n *est*
pas redoublée com- | *redoublée, comme*
me dans bombe, | *dans* sommeil, con-
conte, monde, etc. | noître, monnoie,
| je sonnois.

OME, ONE, longs *dans* atôme, axiô-me, amazône, prône, aumône, etc.

OME, ONE, brefs *lorsque la consonne est redoublée,* somme, pomme, consonne, couronne, etc.

OR, ORE, ORPS, ORS, longs *dans* encore, hors, corps, pécore, je décore.

OR, ORE, brefs *dans* encore, décoré, évaporé, etc.

OT, long *dans* dépôt, impôt, prévôt, entrepôt, rôt, tôt.

OT, bref *dans* despote, impotent, dépoté, roti, prévotal.

OTE, long *dans* côte, côté, hôte, j'ôte, nôte, maltôte.

OTE, bref *lorsque la consonne est redoublée,* hotte, cotte, et *dans les mots* flotte, note, motet, etc.

OTRE, long *avec l'accent circonflexe :* le nôtre, le vôtre, Apôtre.

OTRE, bref *lorsqu'il n'a point d'accent,* notre ami, votre affaire.

OUE, OUDRE, longs *dans* poudre, moudre, résoudre, il loue, rôue.

OUL, OUDRÉ, OUÉ, brefs *dans* poudré, moulu, loué, roué, etc.

I 2

OUILLE, long *dans* rouille, j'embrouil-le, il débrouille, etc.

OUILLÉ, bref *dans* rouillé, brouillon, brouillard, etc.

OURRE, long *dans* de la bourre, il bourre, il fourre, qu'il courre.

OURRE, bref *dans* bourrade, courrier, rembourré, etc.

OUSSE, long *dans* pousser, je pousse, etc.

OUSS, OUSSE, brefs *dans* tousser, je tousse, coussin, etc.

OUTE, long *dans* joûte, je goûte, croûte, voûte, il se dégoûte.

OUTE, bref *dans* ajoûter, couter, couteau, il doute.

OUTRE, long *dans* coutre, poutre.

OUTRE, bref *dans* outré, outrance, *et par-tout ailleurs.*

UCHE, long *dans* bûche, embûché, on débuche, etc.

UCHE, bref *dans* bucher, bucheron, débucher, etc.

UE, toujours long; vue, cohue, tortue, on distribue, etc.

UE, *presque* bref *dans le seul mot* Ecuelle.

UGE, long *dans* déluge, réfuge, juge, ils jugent.

UGE, bref *dans* juger, réfugier, etc.

ULE, long *dans* brûler, je brûle.

ULLE, ULE, brefs *dans* bulle, mule, etc.

Um, Ume, Un, longs *dans* humble, j'emprunte, parfums, bruns, nous reçûmes, nous ne pûmes, etc.

Um, Ume, Un, brefs *dans* humblement, brume, parfumé, brune, pétun, pétune, un, une, dunes, hunes.

Ure, long *dans* augure, parjure, on assure, etc.

Ure, bref *dans* augure, parjurer, assurer, etc.

Use, long *dans* excuse, je recuse, muse, ruse, incluse, etc.

Use, bref *dans* excuser, récuser, refuser, etc.

Usse, long *dans* je pusse, je connusse, ils accourussent, etc.

Uce, bref dans aumuce, astuce, puce, etc.

Ut, long *dans tous les verbes au subjonctif*, qu'il fût, qu'il mourût, *et dans le seul mot*, fût, tonneau, etc.

Ut, bref *dans tous les verbes à l'indicatif*, il fut, il mourut, *et dans les substantifs*, affut, scorbut, etc.

3

INSTRUCTION

Pour les Personnes qui enseignent à lire.

LA page 103, présente un petit tableau de chiffres Romains et Arabes ; depuis un jusqu'à mille. Il faut donner de bonne heure ces notions aux Enfans pour les initier au calcul et à la numération : ce travail est l'affaire de la main , soit au crayon , soit à la plume.

Cette leçon est suivie de l'explication des abréviations qui se rencontrent souvent dans les livres et dans les gazettes. Il ne faut point négliger de les leur faire connoître ; on leur épargnera par-là , la petite mortification de se trouver arrêtés , quand les abréviations se présentent.

CHIFFRES
Romains et Arabes.

Romain.		Arabe.	Romain.		Arabe.
I	un	1	XXI	vingt-un	21
II	deux	2	XXII	vingt-deux	22
III	trois	3	XXIII	vingt-trois	23
IV	quatre	4	XXIV	vingt-quatre	24
V	cinq	5	XXX	trente	30
VI	six	6	XL	quarante	40
VII	sept	7	L	cinquante	50
VIII	huit	8	LX	soixante	60
IX	neuf	9	LXX	soixante-dix	70
X	dix	10	LXXX	quatre-vingt	80
XI	onze	11	XC	quatre-vingt-dix	90
XII	douze	12	C	cent	100
XIII	treize	13	CXX	cent-vingt	120
XIV	quatorze	14	CL	cent cinquante	150
XV	quinze	15	CC	deux cents	200
XVI	seize	16	CCC	trois cents	300
XVII	dix-sept	17	CD	quatre cents	400
XVIII	dix-huit	18	D	cinq cents	500
XIX	dix-neuf	19	DC	six cents	600
XX	vingt	20	M	mille	1000

ABRÉVIATIONS

Qui se rencontrent le plus ordinairement dans les livres , et principalement dans les Gazettes.

J. C.   JESUS-CHRIST.

N. S. J. C. Notre-Seigneur Jesus-Christ.

S. M.   Sa Majesté.

L. L. M.   Leurs Majestés , le Roi et la Reine.

V. M.   Votre Majesté , en parlant au Roi.

L. L. H. P. Leurs Hautes - Puissances , en parlant de la Hollande ; on dit encore , en parlant d'elle ,

L. É. G.   Les États-Généraux.

L. P. O.   La Porte Ottomane , ou simplement la Porte. C'est la Cour du grand Seigneur.

Mgr.   Monseigneur. On donnoit ce titre au fils aîné de France Mgr. le Dauphin , pour le distinguer des autres Princes auxquels on donnoit celui d'Altesse.

Mad.   Madame , en parlant à la Reine.

Mesd.   Mesdames , lorsqu'on parloit des Dames de France.

Mlle.   Mademoiselle.

N. D.   Notre-Dame , la Sainte Vierge.

Le P. R.   Le Prince Royal , le fils aîné du Roi de Pologne , et celui du Roi de Prusse.

La R. P. R. La Religion Prétendue Réformée.

S. A.   Son Altesse.   } C'est le titre des
V. A.   Votre Altesse.   } Princes et Princesses
                               } du Sang.

S. A. Élect. Son Altesse électorale. C'est le titre des Princes électeurs de l'Empire.

S. A. Ém. Son Altesse éminentissime, en parlant d'un Cardinal.

S. A. R. Son Altesse royale : c'est le titre des Princes et des Princesses du sang.

        Nota. C'est aussi le titre des Electeurs qui sont Rois, quand on n'en parle que comme Electeurs.

S. A. S. Son Altesse sérénissime.

V. A. S. Votre Altesse sérénissime, en parlant aux Princes.

S. Ém. Son Eminence. } En parlant d'un,
V. Ém. Votre Eminence. } ou à un Cardinal.

S. Exc. Son Excellence. } En parlant aux
V. Exc. Votre Excellence } Ambassadeurs et Plénipotentiaires.

S. G. Sa Grandeur.

V. G. Votre Grandeur.

S. H. Sa Hautesse, en parlant de l'Empereur des Turcs.

S. M. B. Sa Majesté Britannique, le Roi d'Angleterre.

S. M. C. Sa Majesté Catholique, le Roi d'Espagne.

S. M. T. C. Sa Majesté très-Chrétienne, c'étoit le Roi de France.

S. M. D. Sa Majesté Danoise, le Roi de Danemarck.

S. M. Imp. Sa Majesté Impériale, l'Empereur d'Allemagne.

S. M. I. et R. Sa Majesté l'Empereur des Français, et Roi d'Italie.

S. M. Nap. Sa Majesté Napolitaine, le Roi de Naples.

S. M. Pol. Sa Majesté Polonoise, le Roi de Pologne.

S. M. Port. Sa Majesté Portugaise, le Roi de Portugal.

S. M. Pr. Sa Majesté Prussienne, le Roi de Prusse.

S. M. Suéd. Sa Majesté Suédoise, le Roi de Suéde.

Sire. Lorsqu'on parloit au Roi de France.

S. S. Sa Sainteté, le Pape.

V. S. Votre Sainteté, en lui parlant.

L. S. P. Le S. Père, en parlant du Pape.

V. G. Votre Grandeur, lorsqu'on parloit aux Archevéques, Evêques, Ministres, Ducs, Maréchaux de France, Généraux d'Armée.

Don ou Dom. Mot espagnol, qui signifie *Monsieur.* On donne ce titre aux Bénédictins, Chartreux, Bernardins et Barnabites.

Le T. R. P. Le Très-Révérend Père ou le Révérendissime Père : on donne ce titre aux Religieux distingués dans leur ordre.

La R. M. La Révérende Mère : on donne ce titre aux Religieuses ; elles se le donnent elles-mêmes entr'elles.

Fin de la Première Partie.

LES VRAIS
PRINCIPES
DE LA LECTURE,
DE L'ORTOGRAPHE
ET DE LA PRONONCIATION
FRANÇOISE.

~~~~~~~~~~~~~~~~~~~~~~~~~~~~~~~~~~~~~

SECONDE PARTIE.

~~~~~~~~~~~~~~~~~~~~~~~~~~~~~~~~~~~~~

INSTRUCTION

Pour les Personnes qui enseignent à lire.

On a renfermé dans la Première Partie des Vrais Principes de la Lecture, tout ce qui regarde la prononciation de a Langue Françoise : on s'est attaché dans cette seconde Partie, à donner aux jeunes Personnes une idée de nos connoissances. Les pages suivantes contiennent une suite de pièces de lecture sur différens mots rangés suivant l'ordre alphabétique. On n'a eu d'autre objet que de donner aux Enfans de simples notions relatives aux Arts, aux Sciences, à la Religion, à la guerre, au commerce, et généralement à tout ce dont il est nécessaire et agréable d'avoir quelques idées nettes et précises.

Il seroit important pour un Enfant, que son Maître s'arrêtât avec lui à considérer chacun de ces différens objets, et à les retourner, pour ainsi dire, sous ses yeux; ce sont autant de germes qui jetés adroitement dans l'esprit, sont bien propres à l'enrichir, et à lui donner de la fécondité.

PETITES

PETITES PIÈCES DE LECTURE.

L'Agriculture.

On pourroit absolument se passer de certaines connoissances, qu'on ne recherche que pour l'ornement de l'esprit ; mais l'agriculture en est une nécessaire, puisqu'elle enseigne à faire produire à la terre, les grains, les fruits et les légumes. C'est aussi par les soins de l'agriculture que nous avons des arbres assez forts pour construire des maisons, et pour d'autres usages.

L'Algèbre.

On trouve dans l'algèbre une façon de calculer plus prompte et plus étendue encore que dans l'arithmétique ; mais l'Algèbre est une science qui paroît si difficile, qu'on dit communément de quelque chose qu'on a de la peine à comprendre : *c'est de l'Algèbre.*

L'Anatomie.

Le corps humain est composé de tant de parties, qu'il faut une longue étude pour les connoître, et une grande expérience pour savoir quelles sont leurs fonctions. L'Anatomie, qui donne cette connoissance a plusieurs divisions, dont la principale est

K

l'ostéologie, qui enseigne à l'Anatomiste à distinguer les différentes propriétés des os.

L'Arithmétique.

On peut dire que l'Arithmétique ou l'art de chiffrer est une des plus utiles sciences. C'est en suivant ses principes qu'on compte avec certitude, et qu'on suppute d'un trait de plume les nombres les plus divisés. Les caractères qu'on emploie pour compter, sont de deux espèces. Le chiffre arabe dont on se sert communément, et le chiffre romain ou chiffre de finance. Tel est celui qui marque l'heure sur nos cadrans.

L'Architecture.

Si l'on veut bâtir solidement une maison, la rendre commode, et l'orner avec goût, il faut se rendre familières les règles de l'Architecture. Les Architectes, avant que de commencer un bâtiment, en tracent sur le papier les plans et les élévations.

On appelle Architecture civile, l'art de construire les maisons, comme on appelle Architecture militaire, l'art de fortifier les places. Les ouvriers employés aux bâtimens, travaillent sous les ordres de l'Architecte.

Les Arts et les Métiers.

On nomme Arts et Métiers ce qui fait l'occupation des artisans et des ouvriers.

Il y a peu de ces métiers qui ne tiennent aux mathématiques, ou à quelque autre science. Les manufactures sont des maisons où l'on rassemble plusieurs ouvriers pour la même entreprise. Telles sont les manufactures de glaces, de fer-blancs, de verres, de draps, de tapisseries, etc.

L'Artillerie.

On ne sauroit s'emparer d'une place forte sans le secours du canon, des bombes, des grenades, et des autres machines de guerre qui sont en usage pour détruire les remparts, et brûler les villes qui font résistance.

On comprend dans l'Artillerie l'art de construire ces machines, et la perfection des différentes manœuvres qu'on emploie pour s'en servir avec succès.

L'Astronomie.

Les Astres ont une grandeur déterminée, dont les Astronomes rendent un compte exact, et ils connoissent si bien la distance et le cours de ces astres, qu'ils annoncent une éclipse, qui ne doit paroître que dans cent ans, dans mille ans.

Le progrès que l'on fait dans l'étude de la sphère, sert beaucoup à l'intelligence de l'Astronomie.

K 2

L'Astrologie.

Plus on a d'admiration pour la certitude de l'Astronomie, plus on a de mépris pour la fausseté de l'astrologie judiciaire. Les Astrologues prétendent lire dans les astres le bonheur ou le malheur de ceux qui ont la foiblesse de les consulter ; mais toutes les sciences qui ont la divination pour objet, telles que la chiromanchie, la nécromancie, la cabale et quelques autres encore, sont des sciences que les gens sensés ne connoissent que pour en faire sentir le ridicule.

Les Belles - Lettres.

Connoître les Auteurs qui ont écrit en prose ou en vers, dans quelque langue que ce soit, c'est savoir les Belles-Lettres. On donne le titre d'hommes lettrés à ceux qui ont lu avec réflexion, et qui ont retenu ce qu'il y a de meilleur dans les livres. Rien ne fait tant d'honneur que d'être en état de citer à propos quelques vers ou quelques phrases d'un Auteur.

C'est ce qu'on appelle avoir de l'érudition.

Le Blason.

Chaque royaume, chaque ville, chaque communauté, chaque famille, a une marque particulière qu'on grave, qu'on brode ou qu'on peint sur ce qui leur appartient ; ces marques sont connues sous le nom d'armes ou d'armoiries.

L'art héraldique ou le blason , apprend à nommer en termes propres ou particuliers toutes les parties qui composent ces armoiries. Pour blasonner les armes de France , par exemple : on disoit qu'elles étoient *d'azur , à trois fleurs de lys d'or.*

La Botanique.

Une partie des plus essentielles de l'agriculture , et la plus utile à la médecine, c'est sans contredit la Botanique.

Nous connoissons environ six mille plantes. Un Botaniste doit en distinguer les noms et les espèces , et doit sur-tout savoir quel est l'usage de chacune de ces plantes.

La botanique s'appelle aussi la connoissance des simples.

La Chymie.

Les trois règnes de l'histoire naturelle font l'occupation de la Chymie. Elle distille les plantes , pour en séparer le pur et l'impur ; elle travaille les métaux pour les rendre plus parfaits. Différentes parties des animaux sont aussi mises en œuvre par les Chymistes. Les opérations qui ne tendent qu'à la composition des médicamens , ap-

K 3

partiennent à la Pharmacie , qu'on appelle
aussi Apothicairerie et Pharmacopée.

La Chirurgie.

Un Chirurgien doit avoir une connoissance parfaite de l'Anatomie, pour réparer les accidens qui peuvent arriver à chaque partie du corps ; il panse les plaies , il redresse et rétablit les membres offensés ou rompus. Toutes les opérations , enfin , qu'on est obligé de faire sur le corps humain , sont enseignées par la Chirurgie.

Le Commerce.

Sans le Commerce , nous manquerions d'un grand nombre de choses qui viennent des pays étrangers ; les étrangers manqueroient aussi de tout ce qu'ils tirent de chez nous.

Acheter des étoffes , des meubles, des denrées dans tous les pays , et dans toutes les villes du monde ; envoyer , dans ces pays et dans ces villes , des marchandises pour y gagner , c'est faire le commerce c'est être dans le négoce. Les Banquiers commercent aussi en argent par le moyen des lettres de change.

La Critique.

Il semble qu'il est aisé de critiquer les actions , ou les ouvrages qui méritent de l'être ; et rien ne demande plus d'art et de ménagement pour le faire , de façon que ceux même qui sont critiqués ne puissent s'en plaindre.

La critique est de tous les talens le plus dangereux ; et l'on ne peut en éviter les inconvéniens , qu'en l'accompagnant de toute la politesse possible.

La Chronologie.

Les événemens dont parle l'histoire , sont arrivés dans des temps différens , qu'il est important de retenir pour ne pas les confondre. L'exactitude dans les citations qu'on fait de ces temps , se nomme Chronologie.

Un Chronologiste sait dans quel temps la ville de Rome a été bâtie ; en quelle année Jesus-Christ est mort ; quel jour Louis XV fut sacré roi de France , et généralement les dates précises de chaque trait d'histoire.

La Danse.

Tout le monde connoît la Danse ; on sait que c'est l'art de former, au son des instrumens , différens pas , qui doivent toujours conserver les grâces de la belle nature.

Mais bien des gens ignorent que la chorégraphie apprend à tracer et à distinguer sur le papier , les différentes figures de toutes sortes de danses et de ballets les plus composés.

Le Dessin.

Nous connoissons peu d'arts qui puissent se passer du Dessin. Tracer au crayon la vue d'une campagne , une figure , la façade d'une maison , d'un jardin , les fleurs d'une étoffe, c'est ce qu'on appelle dessiner.

Il y a des Dessinateurs, qui ne travaillent que pour l'Architecture , les uns pour le paysage , et les autres pour l'ornement.

La Déclamation.

Les discours composés selon les règles de la rhétorique , se prononcent avec une exactitude , et un ton mésuré , qu'on nomme déclamation. Un Orateur, (c'est le nom de ceux qui font ces discours) doit avoir autant d'attention à prononcer qu'à composer. La déclamation du poëme dramatique , est ce qu'on appelle jouer la comédie. Réciter des vers comme ils doivent être récités , c'est aussi déclamer.

Les bons déclamateurs sont rares.

Les différens Exercices.

L'art de tirer des armes , est un exercice nécessaire à un homme exposé à attaquer et à se défendre l'épée à la main.

Plusieurs exercices sont aussi en usage pour l'utilité et pour l'amusement ; ils ont chacun leurs règles particulières ; tels sont l'art de voltiger ; la chasse aux chiens courans , la chasse aux oiseaux de proie , la pêche , et beaucoup d'autres.

L'Economie.

Les détails qu'exigent les différentes nécessités de la vie , sont les détails de l'économie. Un esprit économe , persuadé que la plus belle économie est de donner le plus souvent que l'on peut , mais qu'il faut donner à propos , sait régler sa dépense sans avarice et sans prodigalité.

L'Ecriture.

L'Ecriture trace par un certain nombre de caractères décidés , tout ce que l'esprit peut penser ; et, comme dit un Poëte, l'écriture est l'art *de peindre la parole et de parler aux yeux.*

La forme différente qu'on donne aux lettres qui composent l'écriture, lui donne aussi différens noms. Nous avons l'écriture gothique, la batarde ou italienne , la ronde , la françoise, la coulée ou financière , et la romaine.

La Fable.

La fable étoit la religion des payens ; ils adoroient plusieurs dieux. La connoissance de ces faux dieux , et de tout ce qui a quelque rapport à eux , se nomme aussi mythologie : il faut prendre garde de confondre la fable avec les fables qui sont de petits contes que l'on récite. On appelle fabulistes, ceux qui font des fables ; et mythologistes, ceux qui savent la mythologie.

La Finance.

Tous ceux qui font leur principale occupation de recevoir et de donner de l'argent, sont appelés gens de finance. Les Receveurs lèvent les sommes qui sont dues au Roi dans chaque province de son Royaume, et les Trésoriers payent par son ordre, les différens officiers qui le servent : ce qu'il faut savoir pour y réussir dans la distribution et le maniement de cet argent, est ce qu'on appelle Finance.

Les Fortifications.

Pour bien attaquer ou défendre une Place, il faut en connoître le fort et le foible. L'étude des fortifications, qu'on appelle l'architecture militaire, donne cette connoissance, en enseignant à élever des remparts, des demi-lunes et d'autres ouvrages qui puissent empêcher l'ennemi d'aborder. Les Ingénieurs sont ceux qui font une étude plus particulière des fortifications et des travaux nécessaires pour se rendre maître d'une ville fortifiée.

La Géographie.

La connoissance générale des parties qui

composent le monde, s'appelle Géographie. Pour donner cette connoissance,
sans être obligé de parcourir des pays
immenses, les Géographes tracent sur
des cartes la situation et la forme de ces
pays. On distingue facilement, sur les
cartes, les mers, les montagnes, les
rivières, les villes, et tout ce qui forme
le monde terrestre.

La Géométrie.

Le traité le plus important des mathématiques, et qui aide le plus à réussir dans
l'étude des autres traités, c'est la Géomé-
trie. Le bon Géomètre mesure et divise
par des règles certaines, tout ce qui se
présente à la vue, et même à l'imagination.

La Généalogie.

On ne doit point négliger de connoître
le commencement, le progrès et les alliances des familles illustres. Chaque famille
a sa généalogie, c'est-à-dire, une suite
connue des pères, grands pères, bisaïeuls,
trisaïeuls, etc. Louis XV étoit fils de
Louis Duc de Bourgogne, qui avoit épousé Marie-Adélaïde de Savoie. Le Duc de
Bourgogne étoit petit-fils de Louis XIV.
Louis XIV étoit fils de Louis XIII. C'est
ainsi qu'un Généalogiste expose les degrés
de parenté.

La Guerre.

Dès qu'un Souverain a de justes raisons de se plaindre d'un autre Souverain, il lui déclare la guerre. Il envoie sur les terres de son ennemi un nombre considérable de troupes pour s'emparer des villes qui sont sous son obéissance. L'art de la guerre est celui d'attaquer et de défendre ces villes, et les chemins qui y conduisent : c'est la science d'un Général d'armée, et de tous les officiers qui servent sous ses ordres.

La Grammaire.

L'assemblage des règles établies pour parler correctement une langue, s'appelle Grammaire. On dit qu'un homme est bon grammairien, quand il parle bien sa langue. C'est dans la Grammaire qu'on apprend l'ortographe, qui est la principale partie de l'écriture. L'ortographe consiste à employer les lettres nécessaires pour former chaque mot, et à n'en point mettre d'inutiles.

L'Histoire.

Sans les recherches des Historiens, nous ignorerions ce qui est arrivé depuis la création du monde, dans tous les pays qui le composent. L'Histoire universelle nous rappelle non-seulement ce qui s'est passé chez chaque peuple, mais elle nous apprend

prend encore les mœurs, les liaisons, et les guerres que ces peuples ont eues. Les histoires particulières sont celles qui ne parlent que d'un pays ou d'un événement ; par exemple, la guerre de Troie, l'Histoire de France, les révolutions d'Irlande.

L'Histoire Naturelle.

Tout ce que produit la Nature se divise en trois parties. Le règne des animaux, celui des minéraux et celui des végétaux.

Les hommes, les poissons, les oiseaux, les insectes, et généralement toutes les bêtes, sont du règne animal. Les arbres et les plantes sont du règne végétal

Tout ce qu'on trouve dans la terre, comme les pierres, les diamant, l'or, l'argent et les autres métaux, compose le règne minéral.

Quand on connoît ce que rassemblent ces trois règnes, on sait l'Histoire naturelle.

La Jurisprudence.

La Jurisprudence renferme tout ce qui sert à rendre la justice selon les lois. L'étude de cette science est ce qu'on appelle l'étude du droit. Un Juge l'apprend pour punir les criminels, à proportion des crimes qu'ils ont commis, et pour juger les contestations des plaideurs.

Un Avocat et un Procureur l'apprennent pour aider de leurs conseils, et pour faire

L

valoir les raisons de ceux qui plaident. Un Notaire doit aussi savoir les lois pour faire des actes qui y soient conformes.

Les Jeux.

Presque tous les Jeux tiennent leurs premiers principes de l'arithmétique ; et la plupart tirent un grand avantage de la facilité de bien compter. On peut les diviser en quatre espèces.

Jeux d'adresse, comme la paume.

Jeux de cartes, comme le piquet.

Jeux de dez, comme le tric-trac.

Jeux de pure réflexion, comme les échecs.

On distingue aussi les jeux de hasard dont on ne devroit connoître que le danger.

Les Langues.

Les habitans de différens pays du monde parlent un langage différent. Un Turc, par exemple, n'entend point ce qu'on dit, quand on parle françois ou italien, à moins qu'il n'ait étudié ces langues. La science des langues s'apprend en parlant avec ceux qui les savent, ou par le secours des règles.

On appelle langues mortes, celles qu'on ne parle plus chez aucun peuple, et qui subsistent seulement dans les livres.

La Logique.

Il ne faut pas croire qu'on ne puisse raisonner juste. La Logique, qu'on connoît pour la première partie de la philosophie, empêche le logicien de s'égarer dans de fausses idées, et le conduit toujours par principes à la justesse d'une décison solide. Les mots *dialectique* et *logique*, signifient la même chose, et sont synonymes.

Le Manège.

Il est très-important, sur-tout à ceux qui sont destinés à la guerre, de bien monter à cheval, de connoître les défauts, les beautés et les maladies des chevaux, de les dompter, et de les mener avec art. La façon de faire travailler un cheval, est ce qu'on appelle le manège. Il y a plusieurs sortes de manège ; un bon écuyer les connoît toutes.

La Marine.

On fait la guerre sur mer presque aussi souvent que sur terre. Plusieurs vaisseaux qu'on appelle une flotte, quand ils marchent ensemble, sont chargés de soldats et d'artillerie, pour combattre une flotte ennemie. Tout ce qui concerne la construction, et la façon de conduire ces vaisseaux, s'appelle marine ou la navigation.

Il y a aussi des vaisseaux qui ne servent qu'à transporter des marchandises ; ce sont les vaisseaux marchands, les autres sont les vaisseaux de guerre.

Les Mathématiques.

Les sciences qui, dans leurs opérations, obligent à employer des forces, à calculer ou à mesurer, sont toutes réunies dans une seule science, qu'on appelle les Mathématiques.

L'arithmétique, par exemple, la sphère, l'architecture, sont trois traités qui en font partie. Les Mathématiques renferment jusqu'à cinquante traités différens ; mais il est presqu'impossible qu'un seul Mathématicien les sache tous également bien.

Les Mécaniques.

L'étude des Mécaniques nous fournit bien des secours dont on auroit de la peine à se passer. Le mouvement des poulies, la force des léviers, la justesse des horloges, la construction des voitures, et de toutes les machines qu'on emploie dans les arts, est due aux différentes découvertes des Mécaniciens.

On joint ordinairement aux Mécaniques le traité de la Statique, par lequel on connoît l'usage des poids et contre-poids.

Les Médailles.

Les Médailles sont des espèces de monnoies antiques ou modernes qui représentent, d'un côté, la tête d'un homme illustre, et de l'autre, quelque action d'éclat qui s'est passée pendant sa vie.

La date de chaque action est sur les médailles : ainsi, en rappellant les principaux traits de l'histoire, elles servent essentiellement à la justesse de la chronologie. On appelle Antiquaires, ceux qui s'attachent à la connoissance des médailles.

Ils y joignent ordinairement la connoissance des statues antiques, et des pierres gravées.

La Médecine.

Quand, par l'usage de l'Anatomie, on connoît les fonctions de chaque partie du corps, il faut que la Médecine apprenne à connoître les remèdes que l'on peut apporter au dérangement de ces parties. Une trop grande chaleur cause-t-elle la fièvre, un Médecin sait ce qu'il faut pour la tempérer, et pour guérir enfin tous les maux auxquels le corps humain est sujet.

La Métaphysique.

La dernière partie de la Philosophie est la Métaphysique, et la plus difficile à apprendre et à approfondir. Un Métaphysicien ne raisonne jamais que sur des sujets purement spirituels; il travaille sans cesse à prouver des choses dont on ne peut juger par les sens, et dont il est quelquefois permis de douter.

Ainsi, quand on dit qu'un raisonnement est simplement métaphysique, c'est com-

L 3

me si l'on disoit qu'on raisonne sans être
appuyé sur un fondement solide.

Le Monde.

Aucun livre n'enseigne l'usage du monde : c'est la science qui demande le plus de
pratique, et sans laquelle presque toutes les
autres sciences sont inutiles. Railler avec
discrétion ; entendre raillerie ; ne pas faire
parade de ce qu'on sçait ; être poli , sans
affecter de l'être, et feindre de ne pas s'aps
percevoir du défaut de politesse qu'o-
pourroit trouver dans les autres : voilà len
principales règles qui doivent servir de
conduite pour réussir dans le monde.

La Morale.

Le vrai Philosophe est celui qui sait se
rendre maître de lui même. Aussi la Morale , ou l'art de conduire ses actions ,
passe-t-elle pour la partie la plus utile de
la Philosophie : c'est elle qui donne des
bornes aux passions , qui déracine le vice ,
et cultive la vertu. La Morale enfin est la
science des mœurs.

La Musique.

La Musique enseigne les règles de l'harmonie , et c'est ce qu'on appelle composition. Elle enseigne aussi à rendre métho-
diquement, par le son de la voix , ou par
le secours des instrumens , les différens
tons qui forment l'harmonie ; ainsi on la

divise en musique vocale , et en musique instrumentale. La précision dans la mesure est également nécessaire aux deux genres de Musique.

La Peinture.

Quand on met des couleurs sur les figures qu'on a tracées, ce qu'on appelle dessin, se nomme alors peinture. On distingue différens genres de peinture. La peinture à l'huile qu'on emploie pour les tableaux ; la détrempe et la fresque , dont on se sert sur les plafonds et sur les murs ; la miniature et l'émail pour les petits portraits ; et enfin le pastel , qui n'est autre chose que des crayons de toutes sortes de couleurs.

La Physique.

Rien n'embarrasse un Physicien ; il sait tout ce qui se passe dans les quatre élémens ; il sait ce qui forme le tonnerre , ce qui cause la pluie ; comment la terre produit des fruits ; pourquoi le feu s'augmente à l'air ; pourquoi il s'éteint quand il en manque. Il rend compte des effets de la lumière , de la cause des couleurs ; en un mot, toute la nature est approfondie dans la physique , qui est la troisième partie de la philosophie.

Le Poëme Epique.

Le récit que l'on fait en vers des aventures d'un Héros ou des événemens d'une guerre , est ce qu'on appelle poëme épique. La différence du poëme épique au dramatique , c'est que , dans le dramatique, les Héros parlent , et dans l'épique , le Poëte raconte ce qu'ils ont fait ou dit.

Les aventures de Télémaque , par exemple , seroient un poëme épique , si elles étoient en vers.

Le Poëme dramatique.

Le plus petit ouvrage de poésie , une chanson , par exemple , une fable , est un poëme : il y en a de plusieurs sortes : on en compte environ quinze différens.

Le poëme dramatique est un des principaux. On nomme poëme dramatique une tragédie ou une comédie. Les vers composés pour être mis en musique , tels que ceux des opéra , sont appelés vers lyriques.

La Poésie.

La poésie est l'art de faire des vers , et l'on appelle Poëtes ceux qui y réussissent. Les vers sont des mots arrangés , dont on compte chaque syllabe. Il y a des vers de différentes longueurs , mais ils finissent toujours par un mot qui rime avec le dernier mot d'un autre vers. Les grands vers qu'on appelle *Alexandrins*, sont composés de douze syllabes.

Voici un exemple de quatre vers.

On me dit du matin au soir :
Il est bien glorieux , dans l'âge le plus tendre ,
D'apprendre et de savoir ;
Mais pour savoir il faut apprendre.

La Politique.

La première science d'un Prince après la Religion , doit être la Politique. Elle lui enseigne avec quelle dignité il faut se ménager l'amitié et le secours des Princes ses voisins , et avec quelle circonspection il faut gouverner ses sujets. Des particuliers font aussi une étude de cette science pour pouvoir juger avec connoissance de ce qui se passe dans toutes les Cours , et mériter le titre d'habiles dans les intérêts des Princes.

La Prose.

On écrit en prose ou en vers. La prose est la façon simple dont on parle dans la conversation , dans une lettre , dans la plupart des livres ; ce que je dis actuellement est de la prose. La tournure que chacun emploie en particulier pour s'exprimer , s'appelle style. Le meilleur style est celui dont les phrases sont les plus naturelles. Une phrase est une certaine quantité de mots liés ensemble , et qu'on met toujours entre deux points ou deux virgules.

La Religion.

On entend par Religion , la Religion

catholique; car il y en a de plusieurs sortes:
la science de la vraie Religion, apprend à
connoître la grandeur et la bonté de Dieu,
ce qu'il commande, et ce qu'il défend.

Les Auteurs qui en traitent à fond,
s'appellent Théologiens ; et cette science
s'appelle théologie.

Les Fausses Religions.

On appelle hérétiques ceux qui ne
croient pas dans tout les points, ce qu'or-
donne de croire la Religion Catholique ;
tels sont les Luthériens, les Calvinistes et
beaucoup d'autres.

Il y a des Religions absolument différentes de la nôtre. On a vu des peuples adorer
le soleil ; d'autres ont adoré des animaux.
Enfin, toute Religion qui n'est pas exactement Catholique, est une fausse Religion.

La Rhétorique.

L'Éloquence persuade et touche ceux
à qui l'on parle : mais pour être éloquent,
outre les règles de la Grammaire, il y a
encore d'autres règles. Il ne suffit pas de
placer sans ordre ce qu'on veut dire : il
faut composer son discours avec art. C'est
la Rhétorique qui enseigne cet art ; et
l'on appelle Rhétoriciens ou Rhéteurs,
ceux qui savent en faire usage.

La Sphère.

Il faut toujours joindre à la science de

la Géographie , celle de la Sphère ; elle enseigne à connoître le monde terrestre. On appelle Monde céleste le *Ciel* , où l'on distingue le Soleil , la Lune et les Etoiles. C'est la Sphère qui représente le cours des Astres ; et pour faciliter l'étude de cette Science , on dessine le Ciel et la Terre sur deux boules , qu'on nomme globe terrestre et globe céleste.

La Sculpture.

Pour donner au bois , au marbre , et aux métaux des formes différentes , il faut , d'après les règles du dessin , savoir mettre en pratique la manœuvre et les finesses de la Sculpture. Une belle statue, un vase bien coupé , un bas-relief sculpté avec art , font autant d'honneur au Sculpteur , qu'un tableau parfait peut en faire à l'habile Peintre.

La Théorie et la Pratique.

Il y a deux façons de s'instruire. La première est établie sur la théorie ; on appelle ainsi l'assemblage des règles et des principes d'un art ou d'une science. La seconde façon de savoir est totalement différente de la théorie : c'est la pratique.

Un Jardinier taille un arbre avec succès par l'habitude qu'il a de tailler , et selon les avantages qu'il a reconnus d'une année à l'autre ; mais ce Jardinier ne pénètre

point les raisons qui l'ont fait réussir.
L'habitude de travailler ainsi, sans remonter aux principes, s'appelle la pratique.
Pour être parfait dans quelque genre de science que ce soit, il faut réunir la science théorique, et la science pratique.

Droit naturel, économique et politique.

Comme être isolé, l'homme a des devoirs à remplir, qui regardent son existence propre, et le soin qu'il doit prendre de la conserver : on comprend sous le nom de *Jurisprudence naturelle*, les lois relatives à cet objet.

La qualité de père de famille impose à tous les hommes des devoirs particuliers à l'égard de leurs enfans. Les lois qui les ont eus en vue, servent encore aujourd'hui à déterminer les successions, le partage des biens et des autres objets qui appartiennent à la *Jurisprudence économique*.

En s'unissant avec sa famille, à des familles plus nombreuses, les rapports de l'homme changeant, ses devoirs se sont accrus en même proportion. Les lois qui les ont considérés sous cet aspect, ont donné lieu à toutes les institutions de la *Jurisprudence politique*. On les a divisées en autant de branches, qu'il y a de matières sujettes à la législation.

INSTRUCTION

INSTRUCTION

Pour les Personnes qui enseignent à lire.

L E s premiers élémens de la Grammaire Françoise doivent sur-tout servir de leçon de lecture aux élèves : c'est le moyen de leur en donner une première idée, sans qu'il leur en coûte beaucoup de peine ; la mémoire se charge facilement de ce qu'on a lu plusieurs fois. Ainsi , après avoir fait lire un petit article à un enfant on peut commencer à lui en demander compte , et l'aider à l'entendre.

Il faut insensiblement lui faire connoî-tre les neuf parties du discours qui composent toute la Langue Françoise , lui apprendre à décliner les noms , à conjuguer les verbes , et à bien distinguer celles de ces neuf parties qui ne se déclinent ni ne se conjugent , telles que sont l'adverbe , la préposition , la conjonction et l'inter-jection.

M

GRAMMAIRE

FRANÇOISE.

LA Langue Françoise est composée de neuf sortes de mots ; sçavoir : le nom, l'article, le pronom, le verbe, le participe, l'adverbe, la préposition, la conjonction et l'interjection.

DU NOM.

Il y a deux sortes de nom ; le nom substantif et le nom adjectif.

Du nom substantif.

Le nom substantif est un mot qui nomme simplement une chose quelconque.

Les mots *soleil*, *lune*, *étoiles*, sont des noms substantifs.

Du nom adjectif.

Le nom adjectif est un mot qui marque de quelle manière est la chose nommée par le nom substantif.

Les mots *rond*, *ronde*, *brillant*; *brillante*, sont des noms adjectifs.

Dans l'usage ordinaire, le nom adjectif se joint presque toujours à un nom substantif. Il marque de quelle manière ou de quelle couleur est la chose nommée par le nom substantif. Exemples : *Le soleil est rond , la lune est ronde , les étoiles sont brillantes.*

Ce qu'on dit ici des choses se dit aussi des personnes , et de tous les êtres en général.

Exemples : *voilà un brave homme ; c'est une femme sage ; la vertu est aimable.*

Des Genres.

La Langue Françoise n'a que deux genres , le masculin qui désigne le mâle , ou tout ce qui est du même genre , comme *l'homme , le soleil , le temps ,* etc. et le féminin qui désigne la femelle , ou tout ce qui est du même genre , comme *la femme , la lune , la terre ,* etc.

Des Nombres.

Il y a deux nombres : le singulier, quand on ne parle que d'une seule chose ou d'une seule personne , comme quand on dit *l'homme , la femme , le ciel , la terre :* et le pluriel , quand on parle de plusieurs choses , comme quand on dit : *les hommes , les femmes , les cieux et la terre.*

Des Cas.

Il y a six cas : le nominatif, le génitif, le datif , l'accusatif , le vocatif et l'ablatif.

Ces six cas servent à décliner les noms substantifs , par le moyen des articles *le , la , les , de , du , des , à , au , aux ,* dont on parlera ci-après.

M 2

Exemple de déclinaison , tant au singulier qu'au pluriel.

Nom substantif masculin.

SINGULIER.	PLURIEL.
N. le Roi	N. les Rois
G. du Roi	G. des Rois
D. au Roi	D. aux Rois.
Ac. le Roi	Ac. les Rois.
Voc. ô Roi	Voc. ô Rois.
Abl. du Roi, *ou* par le Roi.	Abl. des Rois, *ou* par les Rois.

Nom substantif féminin.

SINGULIER.	PLURIEL.
N. la Reine	N. les Reines
G. de la Reine	G. des Reines
D. à la Reine	D. aux Reines
Ac. la Reine	Ac. les Reines
Voc. ô Reine	Voc. ô Reines
Abl. de la Reine *ou* par la Reine.	Abl. des Reines *ou* par les Reines.

Des Noms adjectifs.

Les Noms adjectifs servent à comparer ensemble les noms substantifs , et à former ce qu'on appelle dégrés de comparaison. Exemple : *le soleil est plus éclatant que la lune , ou la lune est moins éclatante que le soleil.*

Des degrés de comparaison.

Il y a trois degrés de comparaison, c'est-à-dire , trois manières de comparer ensemble les noms substantifs ; sçavoir , le positif comme *grand ;* le comparatif , comme *plus grand ;* le superlatif , comme *très - grand.*

Exemples : *Alexandre étoit un grand*

*homme. César étoit plus grand homme
que Pompée. Louis XIV étoit un très-
grand Roi.*

Un nom adjectif est au superlatif, quand
il y a *le* ou *la* devant *plus*, ou un de ces
mots, *très*, *fort*, *extrémement*, *infiniment*, *parfaitement*, *souverainement*.
Ainsi, *le plus sçavant*, *la plus sçavante*,
très-sçavant, *très-sçavante*, *fort aimable*, *la plus aimable*, *extrémement poli*, *le plus poli*, *infiniment bon*, *extraor-
dinairement bon*, *parfaitement heureux*,
le plus heureux, *la plus heureuse*, *souverainement juste*, *le plus juste*, sont
au superlatif.

Il a des comparatifs et des superlatifs
qui s'expriment en un seul mot : ces comparatifs sont *meilleur*, *pire*, *moindre*.

Exemple : *meilleur*, signifie plus bon ;
(expression qui n'est point d'usage) *pire*,
signifie *plus mauvais ; moindre*, signifie
plus petit.

Les superlatifs qui s'expriment en un
seul mot, sont *généralissime*, *sérénissime*, *révérendissime*.

Noms de nombres absolus.

Il y a des nombres adjectifs qui servent
à compter ; ce sont, *un*, *deux*, *trois*,
quatre, *cinq*, *six*, *sept*, etc. On les
appelle noms de nombres absolus.

M 3

Noms de nombres ordinaux.

Il y en a d'autres qui marquent l'ordre et le rang ; ce sont *le premier*, *la première*, *le second*, *le troisième*, *le quatrième*, etc. tant pour le masculin que pour le féminin, le singulier et le pluriel : on les appelle noms de nombres ordinaux.

Il y a trois sortes de noms substantifs, savoir : les noms *communs*, les noms *propres*, et les noms *collectifs*.

Noms substantifs communs.

Les noms *communs* sont ceux qui désignent les espèces d'un même genre ; ainsi les mots *hommes*, *chevaux*, *bêtes*, sont des noms substantifs *commus*, parce qu'ils désignent,

le premier,	tous les hommes.
le second,	tous les chevaux.
le troisième	toutes les bêtes.

Noms substantifs propres.

Les noms *propres* sont ceux qui appartiennent à chaque homme en particulier, comme *Alexandre*, *César*, *Louis XIV*.

Noms substantifs collectifs.

Les noms *collectifs* sont ceux qui renferment en un seul mot plusieurs choses, ou plusieurs personnes, comme *la forêt*, *le Clergé*, *la Cour*, *le Parlement*, *la Noblesse*, etc.

Les noms adjectifs sont de deux genres; ainsi ils ont deux terminaisons, l'une pour le masculin, et l'autre pour le féminin : comme *beau*, *belle*, *grand*, *grande* ; au lieu que les noms substantifs n'ont qu'une terminaison, et ne peuvent être que d'un genre, *le ciel*, *la terre*, etc.

Un nom adjectif devient substantif quand il est précédé de *le*. Exemple : *le beau*, c'est-à-dire, *ce qui est beau* ; *le vrai*, c'est-à-dire, *ce qui est vrai*, etc.

DE L'ARTICLE.

Les articles sont de petits mots qui se mettent avant les noms substantifs pour en faire connoître le genre, le nombre et le cas. Quand on dit *le soleil*, *la lune*, et *les étoiles* : le *soleil* est un nom substantif du genre masculin singulier ; *la lune* est un nom substantif du genre féminin singulier ; *les étoiles*, un nom substantif du nombre pluriel ; parce que l'article *le*, désigne le genre masculin singulier ; l'article *la*, désigne le genre féminin singulier ; et l'article *les*, désigne le pluriel, tantôt masculin, tantôt féminin. Il y a neuf articles, sçavoir :

le, *la*, *les*, *de*, *du*, *des*, *à*, *au*, *aux*.

Il y a des noms substantifs qui ne prennent qu'un article : d'autres en prennent deux, d'autres trois.

Un nom substantif du genre masculin, ne prend qu'un article, tant au singulier qu'au pluriel.

Exemple de déclinaison.

SINGULIER.	PLURIEL.
N. le ciel.	N. les cieux.
G. du ciel.	G. des cieux.
D. au ciel.	D. aux cieux.
Ac. le ciel.	Ac. les cieux.
Voc. ô ciel.	Voc. ô cieux.
Abl. du ciel *ou* par le ciel.	Abl. des cieux *ou* par les cieux.

Un nom substantif du genre féminin a trois cas où il prend deux articles, mais ce n'est qu'au singulier. Exemple :

SINGULIER.	PLURIEL.
N. la terre.	N. les terres.
G. de la terre.	G. des terres.
D. à la terre.	D. aux terres.
Ac. la terre.	Ac. les terres.
Voc. ô terre.	Voc. ô terres.
Abl. de la terre *ou* par la terre.	Abl. des terres *ou* par les terres.

Exception.

Il y a des façons de parler, où le nom substantif masculin prend deux articles, et le féminin trois. Exemple :

N.	du pain.	N.	de la viande.
G.	de pain.	G.	de viande.
D.	à du pain.	D.	à de la viande.

L'article de l'accusatif est semblable à celui du nominatif : le génitif semblable à l'ablatif : l'article du vocatif n'est qu'une exclamation.

Il y a quatre sortes d'articles ; savoir : l'article *défini*, l'article *partitif*, l'article *indéfini*, et l'article *un*, *une*.

Les articles *définis*, sont, *le*, *la*, *les*: on les appelle *définis*, parce qu'ils définissent et déterminent le genre et le nombre des noms substantifs, et en désignent toute l'espèce. Par exemple, quand on dit, *j'aime le pain*, *la viande*, *les fruits*, cela signifie *j'aime tout ce qui est pain*, *viande*, *fruits*, etc. L'article partitif, au contraire, n'exprime qu'une partie de la chose dont on parle : ces articles sont *du*, *de la*, *des ;* et quand on dit, *du pain*, *de la viande*, *des fruits* me feroient plaisir, cela signifie *un morceau de pain*, *de viande*, ou *quelques fruits me feroient plaisir*.

On voit par ces exemples que le nominatif de l'article *partitif*, n'est autre chose que le génitif de l'article *défini*.

Exemple de déclinaison.

SINGULIER.

N.	du pain	du vin	de l'eau	de la viande
G.	de pain	de vin	d'eau	de viande
D.	à du pain	à du vin	à de l'eau	à de la viande

Ac. *comme le nominatif.*
Abl. *comme le génitif.*

PLURIEL.

N.	des pains	des vins	des eaux	des viandes
G.	de pains	de vins	d'eaux	de viandes
D.	à des pains	à des vins	à des eaux	à des viandes

Il n'y a que deux articles indéfinis : ce sont *de* et *à*. On les appelle indéfinis, parce qu'ils ne définissent ni le genre ni le nombre des noms ; ils se mettent indifférem-

ment avant les noms masculins ou fémi-
nins , avant les noms propres d'hommes ,
de villes , de provinces , avant le nom de
Dieu et des Saints , et avant les pronoms.

Exemples pour les noms substantifs.

N.	Dieu	Louis	Marie	César	Paris
G.	de Dieu	de Louis	de Marie	de César	de Paris
D.	à Dieu	à Louis	à Marie	à César	à Paris

Exemples pour les pronoms.

N.	moi	vous	lui	elle	eux	nous
G.	de moi	de vous	de lui	d'elle	d'eux	de nous
D.	à moi	à vous	à lui	à elle	à eux	à nous

Un , *une* , sont articles lorsqu'on peut
mettre à leur place *le* ou *la*.

Ex. *Un honnête homme doit aimer son Prince , l'Etat
et la Religion.*

Un est un article dans cet exemple , parce
qu'on peut dire : *l'honnête homme doit*, etc.

Une femme sage doit tout sacrifier à son honneur et à sa vertu.

Une est un article , parce qu'on peut
dire *la femme qui est sage doit* , etc.

Un , *une* , sont adjectifs dans les exemples suivans :

J'ai rencontré un ami ce matin :
Une affaire importante me retient ici.

parce qu'on ne peut pas mettre les articles
le ou *la* , à la place de *un* , *une* , et dire,
*j'ai rencontré l'ami ce matin : l'affaire
importante me retient ici.*

DU PRONOM.

Un pronom est un mot qui tient ordinairement la place d'un nom substantif.

Il y en a de sept sortes ; savoir : le pronom personnel , le pronom conjonctif , le pronom possessif , le pronom démonstratif , le pronom relatif , le pronom absolu, et le pronom indéfini.

Des Pronoms personnels.

Les Pronoms personnels sont de petits mots qui représentent les personnes. Tels sont : *je* , *moi* , *tu* , *toi* , *il* , *lui* , *elle* , *nous* , *nous-mêmes* , *vous* , *vous-mêmes*, *ils, eux, elles, eux-mêmes* , *elles-mêmes.*

Sing. *Je* ou *moi* représentent la première personne : c'est celle qui parle.

Ex. Je *vous aime , aimez moi.*

Tu ou *toi* représentent la seconde personne : c'est celle à qui on parle.

Ex. Tu *t'affliges* , console-toi.

Il , *lui* ou *elle* , représentent la troisième personne : c'est celle de qui on parle.

Ex. Parlez-lui , il *ou* elle *répondra.*

Plur. *Nous* ou *nous-mêmes* représentent la première personne au pluriel.

Ex. Nous *devons faire notre bonheur* nous-mêmes.

Vous ou *vous-mêmes* , représentent la seconde personne au pluriel.

Ex. *Il faut que* vous *veniez* vous-mêmes.

Ils , *eux* , ou *elles* , *eux-mêmes* , *elles-mêmes*, représentent la troisième personne au pluriel.

Ex. Ils ou elles *vous diront ce que j'ai fait.*
Eux mêmes *ou* elles mêmes *assurent cette vérité.*

Ces pronoms se déclinent avec les deux articles indéfinis *de* et *à*.

Les mots *soi* et *on* , représentent aussi des personnes , et sont mis au rang des pronoms personnels.

Ex. *Chacun doit penser à soi.*
On *plaît toujours quand* on *aime.*

Pronoms conjonctifs.

Les pronoms conjonctifs représentent tantôt les choses , tantôt les personnes ; ils se trouvent toujours entre un pronom personnel et un verbe. Exemple : *je vous* le *rendrai* , ou *je vous* la *rendrai : le* et *la* sont pronoms conjonctifs, et peuvent se rapporter à des choses ou à des personnes.

La plupart des pronoms personnels peuvent devenir conjonctifs , à l'exception des pronoms *je* , *tu* , *il* , parce que ces trois pronoms sont toujours au commencement de la phrase.

EXEMPLES.

Je vous *aime beaucoup.*	Vous est le pronom conjonctif.
Je lui *parle souvent.*	Lui est le pronom conjonctif.
Il te *connoît à fond.*	Te est le pronom conjonctif
Vous me *consolez un peu.*	Me est le pronom conjonctif.
Tu leur *diras de ma part.*	Leur est le pronom conjonctif.
Vous y *viendrez aussi.*	Y est le pronom conjonctif.
Nous nous *aimons beaucoup.*	Nous est le pronom conjonctif.
Nous le *savons.*	Le est le pronom conjonctif.
Ils les *ont reçus.*	Les est le pronom conjonctif.
On vous *l'a dit.*	L' est le pronom conjonctif.
Nous en *avons encore.*	En est le pronom conjonctif.

On

On voit par ces différens exemples, que le pronom personnel est toujours le nominatif du verbe ; le pronom conjonctif est toujours le régime du verbe.

Pronoms possessifs.

Les Pronoms possessifs sont de petits mots qui désignent la personne qui possède la chose dont on parle ; par exemple, quand on dit ;

Mon habit, c'est comme si l'on disoit: *l'habit de moi.*

Votre montre,	*la montre de vous.*
Son épée,	*l'épée de lui, etc.*

Ainsi les trois pronoms *mon*, *votre*, *son*, désignent les trois personnes *moi*, *vous*, *lui*.

Mon *chapeau,*	ma *montre,*	mes *gants.*
Ton *chapeau,*	ta *maison,*	tes *gens.*
Son *argent,*	sa *bourse,*	ses *parens.*
Notre *Roi,*	votre *bien,*	leur *état.*

Les Pronoms *mon*, *ma*, *mes*, *ton*, *ta*, *tes*, *son*, *sa*, *ses*, *notre*, *votre*, *leur*, s'appellent Pronoms possessifs absolus, parce qu'ils sont joints à un nom substantif. Il y a d'autres Pronoms qui se rapportent à un nom substantif sans y être joints; on les appelle Pronoms possessifs relatifs. Ces Pronoms sont *le mien*, *le tien*, *le sien*, *la mienne*, *la tienne*, *la sienne*, *le nôtre*, *le vôtre*, *le leur*, *la nôtre*, *la vôtre*, *la leur.*

N

EXEMPLES.

Rendez-moi le mien , *garde* le tien , *chacun* le sien ,
Rendez-moi la mienne, *garde* la tienne , *chacun* la sienne,
Rendez-nous le nôtre , *gardez* le vôtre *chacun* le leur ,
Rendez-nous la nôtre , *gardez* la nôtre , *chacun* la leur ,

Il n'y a dans ces différens exemples aucun nom substantif exprimé ; mais on sent bien qu'il est sous-entendu , et que tous ces Pronoms possessifs se rapportent à quelque chose.

Pronoms démonstratifs.

Les Pronoms démonstratifs sont de petits mots qui servent à montrer la chose dont on parle : comme quand on dit :

Ce *palais* ,   cet *officier* ,   cette *compagnie* ,
Ce *cheval* ,   cet homme ,   cette *femme* ,

Ce , cet, cette , ces , ceci, cela , celui-ci , celui-là , celle-ci, celle-là , ceux-ci , ceux-là , sont des Pronoms démonstratifs.

EXEMPLES.

Ce *livre,*   ce *héros* ,   ce *tableau* ,
Cet *oiseau,*   cet *honneur* ,   cet *ameublement* ;
Cette *table,*   cette *armoire* ,   cette *fenêtre* ,
Ces *enfans,*   ces *animaux* ,   ces *arbres.*

Ceci *peut convenir* ,   mais cela *ne convient pas* ;
Celui-ci *a plu,*   celui-là *ne plaît pas* ,
Celle-ci *est aimable* ,   celle-là *ne l'est pas* ,
Ceux-ci *écoutent* ,   ceux-là *n'écoutent pas.*

Pronoms relatifs.

Les pronoms relatifs sont de petits mots qui se rapportent à un nom substantif , et quelquefois à un Pronom ; ce sont *qui* , *que* , *quoi* , *dont* , *lequel* , *laquelle* , *lesquels* , *lesquelles.*

EXEMPLES.

Je connois la personne qui vous a écrit.
J'ai vu la lettre que vous avez reçue.
On sait présentement à quoi s'en tenir.
Voici le jeune homme dont je vous ai parlé.
C'est un ami pour lequel je m'intéresse.
L'affaire sur laquelle on m'a consulté, est finie.
On connoît ceux pour lesquels vous vous intéressez.
On connoît celles pour lesquelles vous sollicitez.

Exemples de quelques relatifs qui se rapportent à des Pronoms.

Pour moi qui vous connois, je vous estime.
Celle que vous venez de voir est aimable.

Pronoms absolus.

Les Pronoms absolus sont presque les mêmes que les Pronoms relatifs ; on ne les appelle absolus, que quand ils ne sont précédés d'aucun nom substantif. Ce sont *qui, que, quoi, quel, quelle, lequel, laquelle.*

EXEMPLES.

Qui *connoissez-vous ici ?* c'est-à-dire, quelle personne, *etc.*
Que *demandez-vous ?* quelle chose *demandez-vous ?*
A quoi ou de quoi *vous occupez-vous ?*
Quel *homme protégez-vous ?*
Quelle *affaire avez-vous ?*
Lequel *aimez-vous ?*
Laquelle *prenez-vous ?*

On voit que le pronom absolu forme toujours une interrogation, quand il n'est pas précédé d'un verbe.

Quand il est précédé d'un verbe, il ne forme plus d'interrogation.

Ex. *J'ignore quelle affaire vous amène à Paris.*

N 2

Pronoms indéfinis.

Les Pronoms indéfinis sont des mots qui ne se rapportent directement à aucun nom substantif exprimé, ni sous-entendu comme les autres pronoms. Les pronoms indéfinis sont *quiconque*, *quelqu'un*, *chacun*, *autrui*, *personne*, *aucun*, *nul*, *nul autre*, *pas un*, *pas une*, *tel*, *telle*, *la plupart*, *tout le monde*, *qui que ce soit*, *quelque chose que*, *quoi que*, *tout.......que*, *tout homme*, *l'un l'autre*, *les uns les autres*.

EXEMPLES.

Quiconque *aime la vertu est heureux.*
Quelqu'un *vous dira peut-être autrement.*
Chacun *doit penser à soi.*
Il *ne faut point faire du mal à* autrui.
Personne *ne m'a t-il point demandé aujourd'hui.*
De *plusieurs amis que j'avois*, *il ne m'en reste* aucun.
Nul autre *que vous n'eût attendu si tard.*
Pas un, pas une *ne m'a satisfait.*
Tel *ou* telle *devroit être plus circonspect*, ou *circonspecte.*
La plupart *conviennent du fait.*
Tout le monde *vous connoît pour tel.*
Qui que ce soit *qui me demande je n'y suis pas.*
Quelque chose que *vous fassiez*, *je vous pardonne.*
Quoi que vous en disiez, *cela ne laisse pas d'être.*
Tout *innocent que vous êtes*, *on vous accuse.*
Tout *honnête* homme *doit aimer son honneur.*
Il *faut s'aider* l'un l'autre, *ou* les uns les autres.

DU VERBE.

En général un verbe est un mot qui exprime toutes les actions, soit du corps, comme *marcher*, *se promener*, etc. soit du cœur, comme *aimer*, *haïr*, etc. soit de l'esprit, comme *méditer*, *réfléchir*, etc.

Sans le verbe, toutes les autres parties du discours seroient inutiles dans une langue, et ne pourroient faire aucun sens ; c'est pour cela qu'on l'appelle le mot par excellence.

On connoît qu'un mot est un verbe, lorsqu'on peut y joindre un des Pronoms personnels, *je*, *tu*, *il*; ainsi les mots *aimer*, *finir*, *recevoir*, *rendre*, sont des verbes, parce qu'on peut dire ;

Je finis, *tu finis*, *il finit*. *J'écris*, *tu écris*, *il écrit*.
J'aime, *tu aimes*, *il aime*. *Je parle*, *tu parles*, *il parle*.
Je reçois, *tu reçois*, *il reçoit*. *Je cours*, *tu cours*, *il court*.
Je rends, *tu rends*, *il rend*. *Je viens*, *tu viens*, *il vient*.

Il y a quatre conjugaisons des verbes.

La première comprend les verbes dont l'infinitif est terminé en *er*; ainsi *aimer*, *badiner*, *jouer*, *se promener*, etc. sont des verbes de la première conjugaison.

La seconde comprend les verbes dont l'infinitif est terminé en *ir* ; ainsi *finir*, *mourir*, *partir*, *se réjouir*, etc. sont des verbes de la seconde conjugaison.

La troisième comprend les verbes dont l'infinitif est terminé en *oir*; ainsi *recevoir*, *pouvoir*, *appercevoir*, *concevoir*, etc. sont des verbes de la troisième conjugaison.

La quatrième comprend les verbes dont l'infinitif est terminé en *re* ; ainsi *rendre*, *prendre*, *rire*, *écrire*, *se plaindre*, etc. sont des verbes de la quatrième conjugaison.

Pour conjuguer un verbe, il faut savoir ce que c'est que *temps* et *modes*.

Il y a trois *temps*, qu'on appelle *temps naturel* ; savoir : *le présent*, *le passé* et *le futur*.

Le *présent est le temps* où se fait quelque chose ; comme *j'aime*, *je finis*, *je reçois*, *je rends*.

Le *passé* est *le temps* où s'est fait quelque chose ; comme *j'ai aimé*, *j'ai fini*, *j'ai reçu*, *j'ai rendu*.

Le *futur* est *le temps* où se fera quelque chose ; comme *j'aimerai*, *je finirai*, *je recevrai*, *je rendrai*.

Chacun de ces trois temps en renferme plusieurs autres, comme on verra dans les quatre conjugaisons des verbes.

Il y a deux verbes qu'il faut savoir bien conjuguer avant que de passer à la conjugaison des autres ; ces deux verbes sont le verbe *avoir* et le verbe *être*, qu'on appelle verbes *auxiliaires*, parce qu'ils viennent, pour ainsi dire, au secours des autres verbes, et qu'ils servent à en former les temps composés.

Les temps simples d'un verbe sont ceux qui ne consistent que dans un seul mot ; comme,

J'aime,	*j'aimerai*,	*je finis*,	*je finirai*.
Je reçois,	*je recevrai*,	*je rends*,	*je rendrai*.

Les temps composés d'un verbe sont ceux qui sont composés de deux ou de plusieurs mots ; comme *j'ai aimé*, *j'ai été aimé*, *j'ai reçu*, *j'ai été reçu*.

Il y a quatre modes dans un verbe ; savoir : *l'indicatif*, *l'impératif*, *le subjonctif* et *l'infinitif*.

INDICATIF.

Un verbe est au mode indicatif, quand il ne dépend d'aucun autre mot ; comme quand on dit : *j'aime* ou *j'aimerai l'étude*.

Ce mode a onze temps.

Voici la manière de les conjuguer, ainsi que tous les autres, tant au *masculin* qu'au *féminin*, au *singulier* qu'au *pluriel*.

PRÉSENT.

Singulier.

J'ai,	Je suis,	J'aime,	Je finis,	Je reçois,	Je rends,
tu as,	tu es,	tu aimes,	tu finis,	tu reçois,	tu rends,
il a,	il est,	il aime,	il finit,	il reçoit,	il rend,
ou	ou	ou	ou	ou	ou
elle a,	elle est,	elle aime,	elle finit,	elle reçoit,	elle rend.

Pluriel.

Nous avons,	nous sommes,	nous aimons,
Vous avez,	vous êtes,	vous aimez,
ils *ou* elles ont,	ils *ou* elles sont,	ils *ou* elles aiment
Nous finissons,	nous recevons,	nous rendons,
vous finissez,	vous recevez,	vous rendez,
ils *ou* elles finissent,	ils *ou* elles reçoivent	ils *ou* elles rendent

IMPARFAIT.

J'avois,	j'étois,	j'aimois,
je finissois,	je recevois,	je rendois.

PRÉTÉRIT.

J'eus, je fus, j'aimai, je finis, je reçus, je rendis.

PRÉTÉRIT ANTÉRIEUR.

J'eus,	j'eus été,	j'eus aimé,
j'eus fini,	j'eus reçu,	j'eus rendu

PRÉTÉRIT ANTÉRIEUR INDÉFINI.

Les deux verbes auxiliaires n'en ont. point.

J'ai eu aimé, j'ai eu fini, j'ai eu reçu, j'ai eu rendu.

PLUSQUE-PARFAIT.

J'avois eu,	j'avois été,	j'avois aimé,
J'avois fini,	j'avois reçu,	j'avois rendu.

FUTUR.

J'aurai, je serai, j'aimerai, je finirai, je recevrai, je rendrai.

FUTUR PASSÉ.

j'aurai eu,	j'aurai été,	j'aurai aimé,
j'aurai fini,	j'aurai reçu,	j'aurai rendu.

CONDITIONNEL PRÉSENT.

J'aurois,	je serois,	j'aimerois,
je finirois,	je recevrois,	je rendrois.

CONDITIONNEL PASSÉ.

J'aurois eu,	j'aurois été,	j'aurois aimé,
ou	*ou*	*ou*
j'eusse eu,	j'eusse été,	j'eusse aimé,
j'aurois fini,	j'aurois reçu,	j'aurois rendu,
ou	*ou*	*ou*
j'eusse fini,	j'eusse reçu,	j'eusse rendu.

IMPÉRATIF.

Un verbe est au mode impératif, quand on commande à quelqu'un, ou quand on exhorte quelqu'un à faire quelque chose ; comme lorsqu'on dit : *aimez Dieu et la vérité.*

Un verbe n'a point de première personne à l'impératif, parce qu'on ne se commande point soi-même.

Ce mode n'a que deux temps, *le présent* et *le futur*, parce qu'on commande, soit pour qu'une chose se fasse présentement, ou dans la suite.

PRÉSENT ET FUTUR.

Singulier.

Aie	sois,	aime,
qu'il ait,	qu'il soit,	qu'il aime,
ou	*ou*	*ou*
qu'elle aie,	qu'elle soit,	qu'elle aime,
finis,	reçois	rends,
qu'elle finisse,	qu'il reçoive,	qu'il rende,
ou	*ou*	*ou*
qu'elle finisse,	qu'elle reçoive,	qu'elle rende.

Pluriel.

Ayons,	soyons,	aimons,
ayez,	soyez,	aimez,
qu'ils aient,	qu'ils soient,	qu'ils aiment,
ou	*ou*	*ou*
qu'elles aient,	qu'elles soient,	qu'elles aiment,
finissons,	recevons,	rendons,
finissez,	recevez,	rendez,
qu'ils finissent,	qu'ils reçoivent,	qu'ils rendent,
ou	*ou*	*ou*
qu'elles finissent,	qu'elles reçoivent,	qu'elles rendent.

SUBJONCTIF.

Un verbe est au mode subjonctif, quand il y a avant lui un autre verbe auquel il est joint par la conjonction *que*, comme lorsqu'on dit : *Il faut que je parte. Je suis charmé que vous soyez ici. Je serois fâché qu'il sortît*, ou *qu'elle sortît.*

Ce mode n'a que quatre temps : voici la manière de le conjuguer.

PRÉSENT ET FUTUR semblables.

Que j'aie,	que je sois,	que j'aime,
que je finisse,	que je reçoive,	que je rende.

IMPARFAIT.

Que j'eusse,	que je fusse,	que j'aimasse,
que je finisse,	que je reçusse,	que je rendisse.

PRÉTÉRIT.

Que j'aie eu,	que j'aie été,	que j'aie aimé,
que j'aie fini,	que j'aie reçu,	que j'aie rendu.

PLUSQUE - PARFAIT.

Que j'eusse eu,	que j'eusse été,	que j'eusse aimé,
que j'eusse fini,	que j'eusse reçu,	que j'eusse rendu.

INFINITIF.

Un verbe est au mode infinitif, quand il est terminé en *er*, ou en *ir*, ou en *oir*, ou en *re ;* ainsi, *avoir*, *être*, *aimer*, *finir*, *recevoir*, *rendre*, sont des verbes au mode infinitif. Ce mode a sept *temps*:

PRÉSENT.

Avoir, être, aimer, finir, recevoir, rendre.

PRÉTÉRIT.

Avoir eu,	avoir été,	avoir aimé,
avoir fini,	avoir reçu,	avoir rendu.

PARTICIPE ACTIF PRÉSENT.

Ayant, étant, aimant, finissant, recevant, rendant.

PARTICIPE ACTIF PASSÉ.

Ayant eu,	ayant été,	ayant aimé,
ayant fini,	ayant reçu,	ayant rendu.

PARTICIPE PASSIF PRÉSENT.

Eu, été, aimé, fini, reçu, rendu.

ou   *ou*   *ou*   *ou*

étant aimé, étant fini, étant reçu, étant rendu.

PARTICIPE PASSIF PASSÉ.

Les auxiliaires n'en ont point.

Ayant été aimé, ayant été fini, ayant été reçu, ayant été rendu

GÉRONDIF.

Ayant, étant, *en* aimant, *en* finissant, *en* recevant, *en* rendant.

ou   *ou*   *ou*   *ou*

aimant, finissant, recevant, rendant.

DIVISION DES VERBES.

Il n'y a proprement que deux sortes de verbes ; le verbe substantif, le verbe adjectif.

Le verbe substantif marque *l'existence* et le verbe adjectif marque la manière *d'exister ;* ainsi *être* est le seul verbe substantif, et tous les autres sont des verbes adjectifs. *Aimer,* signifie *être aimant, étudier, être étudiant,* etc.

Il y a cinq sortes de verbes adjectifs ; savoir, le *verbe actif,* le *verbe neutre,* le *verbe passif,* les *verbes réfléchis* et *réciproques,* et les *verbes impersonnels.*

Du Verbe actif.

Le verbe actif est celui qui a un régime, c'est-à-dire, après lequel on peut toujours mettre un de ces deux mots *quelqu'un* ou *quelque chose :* ainsi *aimer, finir, recevoir, rendre,* sont des verbes actifs, parce qu'on peut dire :

aimer quelqu'un,   *finir quelque chose,*
recevoir quelqu'un,   *rendre quelque chose,*

Du Verbe neutre.

Le verbe neutre est un verbe qui n'a point de régime, et après lequel on ne peut jamais mettre un de ces deux mots *quelqu'un* ou *quelque chose* : ainsi *marcher*, *tomber*, sont des verbes neutres, parce qu'on ne peut pas dire, *marcher quelqu'un*, *tomber quelque chose*.

Il y a des verbes neutres qui se conjuguent avec les temps simples du verbe auxiliaire *avoir*, comme *dormir, dîner souper.*

EXEMPLES.

Je suis venu,   *je suis arrivé,*   *je suis tombé.*

et ainsi de plusieurs autres.

Il y a d'autres verbes qui se conjuguent avec les temps simples du verbe auxiliaire *être;* comme *venir, arriver, tomber.*

EXEMPLES.

J'ai dormi,   *j'ai dîné,*   *j'ai soupé.*

et ainsi de plusieurs autres.

Nota. Pour accoutumer les enfans à cette différence essentielle, il faut leur faire conjuguer plusieurs verbes.

Du Verbe passif.

Le Verbe passif est un verbe après lequel on peut mettre un de ces mots *par quelqu'un* ou *par quelque chose.* Ce verbe est ordinairement composé du verbe auxiliaire

auxiliaire *être*, joint à un participe passif d'un verbe actif ; ainsi, *être aimé*, *être affligé*, sont des verbes passifs, parce qu'on peut dire, *être aimé par quelqu'un, être affligé par quelque chose.*

Le verde passif suit la conjugaison du verbe auxiliaire *être* dont il est formé, ce qui n'arrive que lorsqu'il se trouve joint au participe passif *d'un verbe actif.*

Du Verbe réfléchi.

Un verbe est réfléchi, lorsqu'on peut y ajouter *soi-même* après l'infinitif ; ainsi *se chagriner*, *s'amuser*, *se consoler*, sont des verbes réfléchis.

Les verbes réfléchis se conjuguent avec les pronoms conjonctifs *me*, *te*, *nous*, *vous*, *se* : il est aisé d'en donner des exemples.

Du Verbe réciproque.

Un verbe est réciproque, lorsqu'on peut y ajouter le mot *ensemble*, ou le mot *réciproquement* après l'infinitif ; ainsi se *battre*, *se caresser*, etc. sont des verbes réciproques.

Ces verbes se conjuguent comme le verbe réfléchi, avec les pronoms conjonctifs, *me*, *te*, *nous*, *vous*, *se*.

Du Verbe impersonnel.

Le verbe impersonnel est un verbe qui

O

n'a que la troisième personne du singulier dans tous ses temps ; comme , *il pleut, il grêle, il tonne , il y a , il faut , il il importe* , etc.

On voit que ces verbes ne peuvent avoir ni *première* , ni *seconde personne*.

RÉGIME DU VERBE.

On appelle régime du verbe, le nom ou le pronom qui se trouve après le verbe.

Il y a deux sortes de régimes , le régime direct, et le régime relatif.

Ex. *Aimer l'étude , revenir de la campagne.*

Le régime direct est le nom ou le pronom qui se trouve immédiatement après le verbe. Dans *aimer l'étude ; l'étude* est le régime direct du verbe *aimer* , parce qu'il n'en est point séparé.

Le régime relatif est le nom ou le pronom qui est séparé du verbe par *de* ou *à :* ainsi , dans *revenir de la campagne* ou *aller à la campagne ; la campagne* est le régime relatif du verbe *aller* ou *revenir* , parce qu'il est séparé du verbe par *de* et *à*.

DU PARTICIPE.

Le participe est un mot formé d'un verbe : *aimant, finissant, recevant, fuyant, rendant* ; *aimé , fini , reçu , fui , rendu,* sont des participes formés des verbes *aimer , finir , recevoir , fuir , rendre,*

Il y a deux sortes de participes : le participe actif, et le participe passif.

Le participe actif est celui qui exprime une action qui se fait ; il est toujours terminé en *ant ;* ainsi quand on dit, *aimant l'étude, finissant un ouvrage, recevant une lettre, rendant service,* etc. *aimant, finissant, recevant, rendant,* sont des participes actifs.

Le participe passif est celui qui exprime une action qui est faite. Ce participe n'est jamais terminé en *ant :* ainsi quand on dit ; *un homme aimé, un ouvrage fini, un présent reçu, un service rendu ; aimé, fini, reçu, rendu,* sont des participes passifs.

Le participe actif ne se décline point, et l'on dit également *un jeune homme aimant l'étude ; une demoiselle aimant l'étude ; des enfans lisant ; des femmes lisant.*

Le participe passif ne se décline point non plus, lorsqu'il est suivi d'un nom substantif, comme dans ces exemples : *j'ai fini mes affaires; nous avons reçu vos lettres.* Mais il se décline lorsque le nom substantif est avant le participe ; et alors il faut les faire accorder ensemble, en genre et en nombre, et dire : *mes affaires sont finies; vos lettres ont été reçues ; les ouvrages que j'avois commencés sont finis ;* etc.

On voit par-là que le principe passif est déclinable comme les noms adjectifs.

EXEMPLES.

Je me suis réjoui, ou elles se sont réjouies de votre bonheur.
Les femmes ne sont pas soumises *aux mêmes peines dont les hommes sont* punis.

Le participe passif est indéclinable, lorsqu'il est suivi du nominatif de la phrase, comme dans ce qui suit :

EXEMPLES.

J'ai reçu toutes les lettres que m'ont écrit mes amis.
Avez-vous vu la lettre que vous a écrit votre père ?

Si le nominatif étoit avant le participe, il deviendroit indéclinable ; il faudroit dire : *j'ai reçu les lettres que mes amis m'ont écrites. Avez-vous vu la lettre que votre père vous a écrite ?*

DU GÉRONDIF.

Le Gérondif est un mot qui se termine en *ant*, comme le participe actif ; et toute la différence qu'il y a entre ces deux mots, c'est qu'on peut toujours mettre *en* avant le Gérondif, ce qu'on ne peut pas faire avant le participe.

EXEMPLES.

Etudiant *comme vous faites, vous deviendrez savant.*

Etudiant est un gérondif, parce qu'on peut dire, en *étudiant comme vous faites*, etc.

Il faut cependant excepter de cette règle les gérondifs *ayant* et *étant*, avant lesquels on ne peut jamais mettre *en*.

DE L'ADVERBE.

L'Adverbe est un mot indéclinable qui se met auprès du verbe pour marquer la manière dont se fait l'action exprimée par le verbe , comme quand on dit : *je vous aime tendrement ; servez-moi fidellement ; vivons chrétiennement. Tendrement , fidèlement , chrétiennement,* sont des adverbes ; il y en a une infinité d'autres.

Il y a deux sortes d'adverbes ; les adverbes simples , et les adverbes composés.

Les adverbes simples sont ceux qui s'expriment en un seul mot : comme *tendrement , fidélement , chrétiennement.*

Les adverbes composés sont ceux qui sont composés de plusieurs mots , tels que sont *sans façon , tour-à-tour ,* etc. *Agir sans façon , chanter tour-à-tour ,* etc.

Manière de connoître les adverbes.

Un mot est adverbe , quand il peut répondre à un de ces quatres mots ; *quand ? où ? combien ? comment ?*

Exemple. *Nous irons* bientôt *vous voir , et nous irons* en voiture.

Dans cet exemple , *bientôt* est adverbe parce qu'on peut dire : *quand irons-nous ? bientôt. En voiture* est encore *adverbe,* parce qu'on peut dire : *comment irons-nous ? en voiture.*

Autre exemple. *Les uns se placeront* devant , *les autres*
derrière.

Devant et *derrière* sont des adverbes ,
parce qu'on peut dire : *où nous place-*
rons-nous ? devant, derrière.

Autre exemple. *Nous serons* bonne compagnie , *et*
nous dépenserons fort peu de chose.

Bonne compagnie est adverbe , parce
qu'on peut dire : *combien serons-nous ?*
bonne compagnie. Fort peu de chose est
encore adverbe, parce qu'on peut dire :
combien dépenserons-nous ? fort peu
de chose.

DE LA PRÉPOSITION.

La préposition est un mot indéclinable
qui a toujours un nom substantif ou un
pronom pour régime.

Il y a deux sortes de prépositions ; les
prépositions simples , et les prépositions
composées.

Les prépositions simples sont celles qui
s'expriment en un seul mot, comme *après,*
avec, dans.

Ex. Après *l'office ,* dînez avec *moi.* Entrons dans *la maison.*

Les préposltions composées sont celles
qui sont composées de plusieurs mots ,
comme *en présence de , par rapport à ,*
vis-à-vis de , etc.

Ex. En présence de *tout* le *monde.* Par rapport à *vous.*
vis-à-vis *de ma fenêtre.*

Le mot *près* est une préposition ; il est indéclinable , lorsqu'il est terminé par une *s* , il signifie *sur le point de*.

Exemple. Votre ami est près d'arriver.

c'est-à-dire , *sur le point d'arriver*.

Le mot *prêt* est adjectif et déclinable ; lorsqu'il est terminé par un *t* , il signifie *disposé à*.

Ex. Etes-vous prêt à partir ; ou prête à 'partir.

c'est-à-dire , *êtes-vous disposé à partir* , ou *disposée à partir*.

On voit par-là que *près de mourir* , signifie *sur le point de mourir ; et prêt à mourir* signifie *disposé à mourir*.

Avant est préposition , quand il a régime , comme dans *avant la fin du jour*.

Avant est adverbe, quand il n'a point de régime comme dans *s'enfoncer trop avant*

Devant est préposition dans *marchez devant moi* , parce qu'il a le pronom *moi* pour régime ; mais il est adverbe dans *je marcherai derrière et vous devant* , parce qu'ici il n'a point de régime.

DE LA CONJONCTION.

Une conjonction est un mot indéclinable ,qui sert à lier ensemble les parties d'une phrase : tels sont , *si* , *aussi*, *quand* , *encore* , *par conséquent*, *quand bien même* , et une infinité d'autres.

EXEMPLES.

Si vous allez à la campagne , j'irai aussi.
Je n'étois pas encore *au logis ,* quand *vous y arrivâtes.*

Si on ôte de ces deux phrases les conjonctions *si , aussi , quand , encore ,*
il n'y aura plus aucun sens. Ainsi les conjonctions servent à lier les mots , et éta-
blissent le sens des phrases.

Les conjonctions sont simples ou composées ; les simples sont *si , aussi ,*
quand , encore , etc. Les composées
sont *par conséquent , quand bien même ,*
c'est pour cela que , ni plus ni moins
que , et plusieurs autres.

EXEMPLES.

Vous dites que vous voulez être savant , par conséquent
vous devez étudier.
Il faut dire la vérité , quand bien même *elle ne vous*
seroit pas avantageuse.
Vous avez fait une belle action , et c'est pour cela
qu'on *vous estime.*
Je vous aime ni plus ni moins que *si vous étiez mon frère.*

Que est conjonction , lorsqu'il est au
commencement ou au milieu d'une phrase , et qu'il ne peut pas se tourner par *le-*
quel ou *laquelle , lesquels* ou *lesquel-*
les , etc.

Ex. Que *chacun prenne garde à soi ,* ou *il faut* que
chacun prenne garde à soi , etc.

Que dans ces exemples ne se rapporte
à aucun nom substantif , et ne peut se
tourner par *laquelle , lesquels* ou *les-*
quelles , etc.

Il y a quelques prépositions qui deviennent conjonctions , lorsquelles se trouvent
avant un verbe à l'infinitif.

EXEMPLES.

Loin de blâmer votre conduite , je la loue.
Il faut être honnête homme, jusqu'à tout sacrifier à la probité.
On ne doit se reposer qu'après avoir travaillé.
Il faut mériter pour obtenir.
On ne doit blâmer personne sans l'entendre.

On voit par ces différens exemples, que
les mots *loin de* , *jusqu'à* , *après* , *pour* ,
sans , qui sont ordinairement prépositions,
avant un nom substantif ou un pronom ,
deviennent ici des conjonctions , parce
qu'ils sont avant des verbes à l'infinitif.

DE L'INTERJECTION.

Une interjection est un mot indéclinable
dont on se sert pour exprimer les différens
mouvement de l'ame.

EXEMPLES.

Pour exprimer la joie , on dit :	Ah ! bon !
Pour applaudir :	Fort bien.
Pour la peine ou le plaisir :	Tant pis, tant mieux.
Pour exprimer la douleur :	Hélas ! mon Dieu !
Pour exprimer l'aversion , le mépris:	Fi , fi donc !
Pour encourager :	Allons , courage.
Pour arrêter :	Tout beau! doucement
Pour faire cesser :	Hola ! assez.
Pour faire taire :	Paix ! paix-là !

Le ton de la voix distingue et détermine
ordinairement le sens de l'interjection ;
chacune doit avoir une inflexion particulière , suivant les différentes passions qui
animent la personne qui parle.

INSTRUCTION

Pour les Personnes qui enseignent à lire.

L'ÉCRITURE a , comme le discours , ses pauses , ses intervalles : pour les distinguer , on a inventé la *Ponctuation.* On appelle ainsi la manière de placer les points et les virgules dans le discours imprimé , écrit et prononcé. Le point marque l'intervalle le plus considérable. On fait toujours usage de la virgule pour séparer tous membres d'une phrase qui sont unis par la construction. On a cru devoir mettre sous les yeux des enfans , des exemples qui servent à leur faire connoître l'usage du point et de la virgule , employés séparément ou ensemble.

On admet encore dans l'écriture d'autres figures , sur lesquelles il a paru essentiel de donner quelques instructions. Ces figures sont : l'apostrophe (') le trait d'union (-) , les deux points sur les voyelles (ë , ï , ü ,) , la cédille (ç) et la parenthèse ().

DE LA PONCTUATION.

La Ponctuation consiste à placer les Points et les Virgules, de manière à établir le sens et la clarté du discours écrit ou prononcé.

La Ponctuation est composée de six petits caractères, dont voici les noms et la forme.

Caractères de Ponctuation.

La Virgule	,
Le Point avec la Virgule	;
Le deux Points	:
Le Point seul	.
Le Point d'interrogation	?
Le Point d'admiration	!

Manière de placer la Virgule.

On place la Virgule à l'endroit de la phrase où l'on s'arrête pour reprendre haleine, quoique le sens ne soit pas fini. Exemple tiré de l'Oraison funèbre de M. le Vicomte de Turenne, par M. Fléchier.

» Turenne meurt : tout se confond,
» la Fortune chancelle, la Victoire se lasse,
» la Paix s'éloigne, l'Armée en deuil s'oc-
» cupe à lui rendre les devoirs funèbres,etc.

On place encore la Virgule après les noms de Dieu et des Saints, d'arts, de sciences , de lieux , de pays , de grands hommes , etc. comme dans ces exemples.

» Nous devons à Dieu , à la Sainte » Vierge , à la Religion , l'hommage le plus sincère , etc.

» Les enfans doivent apprendre de » bonne heure , l'Histoire , la Géographie, » la Musique , les langues vivantes , etc.

» Les quatre parties du monde sont » l'Europe, l'Asie, l'Afrique et l'Amérique.

» Alexandre , César , etc. ont acquis » moins de véritable gloire que Charle- » magne , Saint Louis , etc.

Manière de placer le Point avec la Virgule.

Le Point avec la Virgule servent à sé- rer les différens membres d'une longue phrase , dont le sens complet dépend de différentes parties. En voici un exemple tiré du même discours de M. Fléchier sur la mort de M. de Turenne.

» N'attendez pas , Messieurs , que j'ou- » vre ici une scène tragique; que je repré- » sente ce grand-Homme étendu sur ses » propres trophées ; que je découvre ce » corps pâle et sanglant , auprès duquel » fume encore la foudre qui l'a frappé ; » que je fasse crier son sang comme celui d'Abel , etc.

Autre

Autre exemple tiré du même discours.

Si M. de Turenne n'avoit sçu que com-
» battre et vaincre ; si sa valeur et sa
» prudence n'avoient été animées d'un es-
» prit de foi et de charité , je le mettrois
» au rang des Fabius et des Scipions. »

Manière de placer les deux Points.

Les deux Points marquent un sens plus
complet que le Point et la Virgule ; on les
met après une phrase dont le sens est ache-
vé , mais à laquelle on ajoute encore quelque chose pour l'éclaircir. En voici un
exemple.

Madame de Sévigné raconte dans une
lettre écrite à son gendre , la mort de M.
de Turenne.

» C'est à vous que je m'adresse , mon
» cher Comte , pour vous écrire une des
» plus grandes pertes qui pût arriver en
» France : c'est la mort de M. de Turenne.»

Autre exemple tiré du même discours ,
par M. Fléchier.

« Dieu immole à sa souveraine gran-
» deur de grandes victimes : il frappe ,
» quand il lui plaît , les têtes illustres
» qu'il a couronnées. »

Manière de placer le Point seul.

Le Point seul se met à la fin des phrases

P

dont le sens est complet et indépendant de toute autre phrase : en voici un exemple. C'est encore Madame de Sévigné qui écrit à son gendre la mort de M. de Turenne.

» Je suis assurée que vous serez aussi
» touché et aussi désolé que nous le som-
» mes ici. Cette nouvelle arriva lundi à
» Versaille. Le Roi en a été affligé comme
» on doit l'être de la perte du plus grand
» capitaine, et du plus honnête homme
» du monde. Jamais un homme n'a été re-
» gretté si sincérement. Tout Paris étoit
» dans le trouble et dans l'émotion. Cha-
» cun parloit et s'attroupoit pour regretter
» ce Héros. »

Manière de placer le point d'interrogation.

Le Point d'interrogation se met à la fin d'une phrase qui exprime une interroga-tion. En voici un exemple tiré de l'Ode à la Fortune, par M. Rousseau.

» Fortune dont la main couronne
» les Forfaits les plus inouis,
» Du faux éclat qui t'environne,
» Serons-nous toujours éblouis ?
» Jusques à quand, trompeuse idole,
» D'un culte honteux et frivole
» Honorerons-nous tes autels ?

» Verra-t-on toujours tes caprices
» Consacrés par des sacrifices,
» Et par l'hommage des mortels ?

Manière de placer le Point d'admiration.

Le Point d'admiration se met à la fin d'une phrase qui exprime une exclamation. En voici un exemple tiré d'une des Odes sacrées de M. Rousseau.

» O que tes œuvres sont belles !
» Grand Dieu ! quels sont tes bienfaits!
» Que ceux qui te sont fidelles,
» Sous ton joug trouvent d'attraits ! etc.

Des figures employées dans l'impression ou dans l'écriture.

L'ORTOGRAPHE a admis dans notre langue des caractères particuliers consacrés à différens usages

' L'Apostrophe marque la suppression d'une voyelle. Elle se place ordinairement au-dessus de la lettre supprimée. On écrit, *l'amour*, au lieu de *le amour*; *l'amitié*, au lieu de *la amitié*.

- Le trait d'union sert à unir deux mots, qu'il faut prononcer comme s'ils n'en formoient qu'un.

Exemples : *Croit-il être instruit ? Veut-il étudier ?*
Dût-il périr. Aime-t-il l'étude ?

·· On met sur l'*e*, l'*i*, l'*u*, deux points ; on appelle ces voyelles *ë trema*, *ï trema*, *ü trema*. On emploie ces deux points pour marquer que la voyelle sur laquelle ils sont placés forme une syllabe distincte, et que le son qu'elle doit produire ne doit pas être confondu avec celui d'une voyelle dont elle seroit précédée ; ces deux points sont ainsi destinés à ôter toute équivoque. On prononce *Sa-ül* : s'il n'y avoit pas de point sur l'*u* , on prononceroit *Saul*. On dit *ai-gu-ë* , *am-bi-gu-ë* ↖ et si l'*e* n'étoit pas marqué de deux points , on prononceroit les deux dernières syllabes de ces mots comme les dernières syllabes de ces mots *langue* , *fatigue*.

₅ La cédille est une espèce de petit *ç* retourné ; elle se place ordinairement sous le *ç*. Elle sert à marquer qu'il faut adoucir le son de cette lettre devant *a* , *o* , *u* , Le *ç* marqué d'une cédille , produit à-peu-près le son de l's suivie d'un a , d'un o , et d'un *u*. On écrit *leçon* , *il commença* , *il prononça* , *il a conçu* ; on prononce *le son il commensa* , *il prononsa* , *il a consu*.

( ) On appelle parenthèse deux crochets placés en regard , entre lesquels on renferme un petit nombre de paroles qui interrompent le sens du discours , et qui sont cependant nécessaires à l'intelligence de la phrase , comme on peut voir dans l'exemple suivant.

Le vainqueur de Renaud (si quelqu'un le peut être) *sera digne de moi.*

..... Depuis quelque temps , on coupe en France les phrases par une suite de points placés horisontalement les uns après les autres. Cet usage a pour objet de montrer à tout le monde qu'il faut faire une pause aux phrases ainsi séparées.

» On emploie encore dans l'imprimerie de petits caractères appelés Guillemets : c'est une double virgule que l'on place au commencement de toutes les phrases et de toutes les lignes d'une citation. On trouvera dans le morceau suivant , des exemples de la différentes ponctuation et de tous les caractères qui servent à marquer les nuances d'un discours.

L'ENFANT BIEN CORRIGÉ.

LE pauvre Nicolas , tout courbé sous le poids
D'un énorme fagot , s'en revenoit du bois
Un soir beaucoup plus tard qu'il n'avoit de coutume.
En marchant , il disoit , d'un ton plein d'amertume :
» La bonne Marguerite est bien triste à présent ;
    » Elle s'inquiète , elle pleure :
        » Chaque moment
    » Lui paroît long , long comme une heure.
» Antoine est triste aussi. C'est un si bon enfant :
    » C'est le portrait de sa mère.
    » Si les Dieux nous aident , j'espère
    » Qu'il sera tendre et bienfaisant.
» Cet espoir est bien doux. Mais voici que j'approche,
» Ils seront consolés quand ils me reverront
» Comme ils seront joyeux ! comme ils m'embrasseront!
    » S'ils me faisoient quelque reproche ,
» Je leur dirai pourquoi j'ai tardé si long-temps ;
» Au lieu de m'en vouloir , ils seront bien contens. »
    Tout en raisonnant de la sorte,
    Nicolas arrive à sa porte.
Il entre , il voit sa femme assise auprès du lit ;
    Sur la traverse de sa chaise ,
Sa tête est renversée ; elle pleure et gémit !
Son fils est à genoux ; il tient, il presse , il baise
Sa main qu'elle paroît vouloir lui retirer.
» Cessez , dit Nicolas , cessez de soupirer :
» Me voilà bien portant.... Est-ce ainsi qu'on m'embrasse!
» Vous ne me dites rien ? Mon fils tu ne viens pas
    » Te jeter dans mes bras ?
    » Une caresse me délasse ;
» Tu le sais bien ; viens donc ! Ils veulent me punir.
» Ne boudez plus ; tenez, mettez-vous à ma place ;
» Voyez si je devois plutôt m'en revenir.
» J'avois fait mon fagot ; je sortois du bocage,
» Il n'étoit pas encor absolument bien tard ,
» Quand j'y vois arriver un malheureux vieillard ;
    » Il est , je crois de ce village
» Que par notre fenêtre on apperçoit là-bas.
» Il se traînoit à peine. A voir votre démarche

» Lui dis-je , Patriarche ,
» Vous semblez déjà las.
» Il me répond par un hélas !
» Qui me fait grand pitié. Vite , je prends ma hache ,
» Je lui coupe un fagot , je ne le fais pas gros ,
» Il ne l'eut pas porté : de deux harts je l'attache ,
» Et le met sur son dos.
» Il me remercie et me quitte.
» Je veux doubler le pas pour arriver plus vîte ;
» La neige tient à mes sabots ,
» Et m'empêche.... Mais quoi ! ma chère Marguerite ,
» Encore des soupirs , encore des sanglots !
» Tu ne pardonnes point ? tu ne m'aimes donc guère ?
» Je ne l'aurois pas cru. » Marguerite , à ces mots ,
Le prenant par la main , lui dit » Malheureux père ,
Pourrois-tu desirer d'être aimé de la mère
Du fils le plus méchant ?
—Antoine, méchant ! lui ! Non, non , son caractère
Est bon , je le connois ; il est encore enfant ,
Il aime à folâtrer , c'est le droit de son âge ;
Mais laisse faire , en grandissant
Il sera bon et sage.
— Dis plutôt cruel. — Non , je le promets pour lui.
Antoine , tu devrois le promettre toi-même ,
Et tâcher d'appaiser une mère qui t'aime.
Mais approche , dis-moi : qu'as-tu fait aujourd'hui
Pour la fâcher ? réponds ? puisque je le demande....
Vous vous cachez, mon fils, la faute est donc bien grande.
— Très-grande , cher époux , mais il en est honteux ;
C'est bon signe. — Dis-moi ce que c'est. — Tu le veux;
Tu seras fâché de l'entendre ;
Mais enfin tu le veux, tu le sauras. Ce soir
Comme il m'ennuyoit de t'attendre ,
J'ouvrois de temps en temps la porte , et j'allois voir
Si tu venois ; une Fauvette
Entre avec moi dans la maison ,
Puis se blottit sur la couchette.
Elle grelottoit. La saison
Est pour cela bien assez dure.
Je la rechauffois dans mon sein ,
De mon haleine et sous ma main ,
Lorsque je vois entrer la fille de Couture ,
La petite Babet. La pauvre créature ,
En tombant sur des échalas ,
Dans sa vigne , ici près , s'est déchirée le bras.

Elle pleuroit , et sa blessure
Saignoit beaucoup. Ce n'est pas moi
Qu'elle demandoit ; c'étoit toi.
Voyant que tu tardois , et qu'elle étoit pressée ,
Comme j'ai pu , je l'ai pansée.
Pour la panser , j'ai pris
Le baume du pot gris :
Est-ce bien celui-là ? Me serois-je trompée ?
— C'est bon. Après ! — Tandis que j'étois occupée
A tout cela, ton fils , à qui j'avois donné
La Fauvette à tenir , dans un coin s'est tourné ,
Et puis... — Achève donc. — Et puis il l'a plumée.
— Quoi plumée ? — Oui , par tout le corps ,
Hors les aîles pourtant. La porte étoit fermée,
Il a bien su l'ouvrir pour la mettre dehors ;
Elle a volé , la malheureuse ;
Elle voloit en gémissant.
J'entendois sa voix douloureuse
Qui me saignoit le cœur..... Nous aurons un méchant.
Juge ce qu'il fera , s'il devient jamais grand.
Voilà , mon bon ami , ce qui me désespère.
Aurois-tu fait cela quand tu n'étois qu'enfant ?
Moi qui disois à tout instant :
Mon cher Antoine aura la bonté de son père.
Aussi je l'aimois trop. Que Dieu m'en punit bien !
Vas , vas , console-toi , ma chère ,
Sèche tes pleurs , et ne crains rien.
Il est là-haut une justice
Aux bons parens toujours propice.
S'il doit être un méchant , les Dieux nous l'ôteront.
Non , jamais ils ne permettront.....
Approche-toi, mon fils, viens, viens que je t'embrasse,
Que je t'embrasse , hélas ! pour la dernière fois.
Tu fais bien de pleurer : je pleure aussi , tu vois.
Mets ta main sur mon cœur; tiens, c'étoit-là ta place ;
Car je t'aimois , Antoine , et c'étoit mon bonheur.
Je ne t'aimerai plus..... Oh , si fait , j'ai beau dire ,
Je t'aimerai toujours : ce sera ma douleur.
Ciel ! j'aimerois donc un.... J'ai peur de te maudire.
Il faut les ramasser les plumes de l'oiseau ,
Et les pendre à ce soliveau.
Ramasse-les , ma femme.
Quand nous l'aimerons trop , nous les regarderons ;
En les regardant , nous dirons :
Il ne faut point aimer une aussi méchante ame.

Ce pauvre oiseau , mon fils , (reste sur mes genoux ,)
Ce pauvre oiseau , crois-tu que la seule froidure
   L'ait amené chez nous ?
  Non , c'est l'Auteur de la nature ,
  Qui le mettoit entre nos mains.
C'étoit nous ordonner de lui sauver la vie ;
Il prend soin des oiseaux tout comme des humains.
Et vous l'avez plumé ! S'il me prenoit envie
De vous envoyer nud passer la nuit au froid ,
  Vous m'en avez donné le droit ,
  Vous n'auriez point à vous en plaindre.
Mais je serois méchant , je vous ressemblerois ,
  Et plus que vous , j'en souffrirois.
Ne tremble point , mon fils , vas , tu n'as rien à craindre,
Car je sens que je t'aime , et t'aimerai toujours.
  J'espérois que dans la vieillesse
De ta mère et de moi , tu serois le secours ,
  Et tu vas abréger nos jours
  Par les chagrins et la tristesse.
—Ah maman ! ah papa ! baisez-moi de bon cœur ;
Non , vous ne mourrez pas de chagrin , de douleur :
  Tout le bien que je pourrai faire,
  Je vous promets , je le ferai.
Je serai bon enfant , je vous ressemblerai. »
  Aisément un père , une mère
Se laissent attendrir. Antoine eut son pardon :
  Il tint sa promesse , il fut bon.
  Il fut si vertueux , si sage ,
  Qu'on le montroit dans le canton ,
  A tous les enfans de son âge.
Un jour qu'il regardoit tristement au plancher,
Sa mère qui le vit , alla prendre une échelle.
  » Monte , mon fils , monte , dit-elle ,
  » Et vas promptement détacher
 » Les plumes de l'oiseau : c'est-là ce qui t'afflige ;
  » Jette-les au feu , ne crains rien :
  » Ton père le veut bien.
 » Tu le veux , n'est-ce pas ? — Oui. — jette-les, te dis-je ,
  » Et qu'il n'en reste aucun vestige.
  » — Non , maman , je les garderai ;
  » A mes enfans , si Dieu m'en donne ,
  » En pleurant , je les montrerai.
  » En même temps je leur dirai :
 » Un jour je fus méchant , et maman fut trop bonne.

     Par LE MONNIER.

INSTRUCTION

Sur la manière de faire lire *ou* réciter
les Fables aux Enfans.

C'EST un talent que de savoir bien lire les vers.
Peu de gens le possèdent ; ceux même qui versi-
fient le mieux , souvent ne le connoissent pas.
Rien ne défigure tant un morceau de poésie , quel
qu'il soit , que de le réciter en appuyant lourde-
ment sur chaque syllabe, en coupant régulièrement
en deux les vers alexandrins , et en s'appésantissant
sur les rimes ; mais cette manière déplaît , sur-tout à
l'oreille d'un homme de goût , quand il s'agit de
Fables. Ce dernier genre est d'une si grande naï-
veté en soi , la mesure des vers y est tellement ar-
bitraire , le ton en est si uni , si simple , si peu em-
phatique , qu'il ne semble pas exiger plus de
déclamation qu'une lettre, un dialogue ou tout
autre ouvrage de cette espèce en prose. Toutefois
les Fables , et principalement celles du célèbre La
Fontaine , renferment souvent des tours , des figures , des finesses de sens , et des allusions fréquen-
tes qu'il est impossible qu'un enfant saisisse d'abord,
quoique né avec des dispositions heureuses. Il ne
seroit donc pas raisonnable d'exiger de lui qu'il les
récitât avec tous les tons convenables.

C'est assez pour les enfans d'un âge tendre et qui
n'ont encore que la mémoire, qu'ils sachent s'arrêter aux endroits où finit le sens, et qu'ils s'habi-
tuent à bien prononcer et à faire en sorte que leur
voix ne soit ni glapissante ni rauque. On ne doit
pas leur laisser prendre à leur fantaisie un prétendu

ton familier, qui estropie presque toujours le sens
de l'Auteur ; et qui n'est rien moins que familier
pour prétendre à trop l'être. C'est assez , encore
une fois, qu'ils sachent articuler les mots, et distinguer le sens de chaque phrase , suivant les repos
qui y sont ménagés , et non pas seulement suivant
la mesure des vers et la chûte des rimes ; alors on
doit être content d'eux : c'est tout ce qu'on peut
raisonnablement leur demander.

Une chose plus commune dans les Fables , que
dans toute autre espèce de poëme , excepté dans
les drames, c'est que les dernières syllabes d'un
vers, indépendantes des premières pour la continuité exacte du sens , sont liées avec une partie du
vers suivant , ou avec le vers entier et même avec
quelques autres encore ; auquel cas on doit prononcer de suite cette moitié de vers et tout ce qui
compose le corps de la phrase , sans faire seulement attention à la rime. C'est ce qui rend difficile
la lecture de ce genre de poésie , où l'on se donne
plus de liberté que dans les genres élevés , et où
cette liberté même est la source d'un grand nombre de beautés : voilà ce qu'il faut s'étudier à bien
apprendre aux enfans.

Que l'un d'eux ait à réciter la Fable intitulée *le
Chat, la Belette* et *le petit Lapin* ; il faut l'arrêter à
toûs les repos , dès qu'on veut qu'il la récite , sinon
avec toutes les graces imaginables , du moins avec
quelque bon sens ;

> Du palais d'un jeune lapin
> Dame belette un beau matin
> S'empara.

Il y a ici un point que l'enfant doit marquer mal-
gré la mesure du vers qui se trouve rompue par
ce repos , dont l'énergie est admirable :

> C'est une rusée.

Cette petite réflexion doit être détachée par le récit.

Le maître étant absent ce lui fut chose aisée.

Autre repos. Tout le commencement de cette fable demande à être coupé par celui qui récite, à mesure qu'il se rencontre des points qui terminent le sens. Mais lorsqu'une fois l'auteur fait parler la belette, comme son dessein a été de peindre le caquet de ce petit animal femelle, et que tout ce qui lui fait dire est extrêmement serré, et presque sans aucun intervalle sensible, l'enfant ne doit pas s'arrêter, par la raison pour lui, qu'il n'y a pas de points dans ce petit discours : c'étoit un beau sujet de guerre, qu'un logis où le lapin n'entroit qu'en rempant.

> Et quand ce seroit un royaume,
> Je voudrois bien savoir, dit-elle, quelle loi
> En a pour toujours fait l'octroi
> A Jean, fils ou neveu de Pierre ou de Guillaume,
> Plutôt qu'à Paul, plutôt qu'à moi ?

On sent que tout cela doit être dit de suite ; et assurément en n'exigeant que cette attention d'un enfant, on aura lieu d'être fort satisfait de lui, s'il partage ainsi le sens de chaque endroit d'une des plus jolies Fables du monde, et de toutes celles qu'on pourra lui faire apprendre par cœur pour exercer sa mémoire. Les tons viendront après. Il ne lui faut parler ni de pieds, ni d'hémistiches, ni de rimes. On ne doit sentir que fort légèrement ces choses, en écoutant réciter des Fables.

Tantôt c'est le singe de la foire, qui tache d'attirer des spectateurs :

> . . . . Venez, de grâce,
> Venez, messieurs,
> Je fais cent tours de passe passe.
> Cette diversité dont on vous parle tant,

Mon voisin Léopard l'a sur soi seulement.
Moi, je l'ai dans l'esprit :
>   Votre serviteur Gille,
>   Cousin et gendre de Bertrand,
>   Singe du Pape en son vivant,
>   Tout fraîchement dans cette ville,
Arrive en trois bateaux, exprès pour vous parler,
Car il parle,
>   On l'entend :
>   Il sait danser, baller,
>   Faire des tours de toute sorte ;
Passer en des cerceaux ;
>   Et le tout pour six blancs :
Non, messieurs, pour un sou.
>   Si vous n'êtes contens,
Nous rendrons à chacun son argent à la porte.

Tantôt c'est le savetier interrogé par un homme de finance :

>   . . . . Or ça, sire Grégoire,
Que gagnez-vous par an !
>   Par an ? ma foi, monsieur,
>   (Dit avec un ton rieur,
Le gaillard savetier.)
>   Ce n'est pas ma manière
De compter de la sorte ;
>   Et je n'entasse guère
Un jour sur l'autre :
>   Il suffit qu'à la fin,
>   J'attrape le bout de l'année.
>   Chaque jour amène son pain.
Eh bien. que gagnez-vous, dites-moi, par journée ?
Tantôt plus, tantôt moins :
>   Le mal est que toujours
(Et sans cela, nos gains seroient assez honnêtes),
Le mal est que dans l'an s'entremêlent des jours
>   Qu'il faut chomer :
>   On nous ruine en fêtes.
L'une fait tort à l'autre :
>   Et monsieur le Curé
De quelque nouveau saint charge toujours son prône.

Ici c'est le roseau plaint d'une manière un peu insultante par le chêne :

>   La

La nature envers vous me semble bien injuste ?
Votre compassion , lui répondit l'arbuste ,
Part d'un bon naturel ;
              Mais quittez ce souci.
   Les vents me sont moins qu'à vous redoutables.
Je plie et ne romps pas.
            Vous avez jusqu'ici
    Contre leurs coups épouvantables
    Résisté sans courber le dos :
Mais attendons la fin ;
         Comme il disoit ces mots ;
Du bout de l'horison accourt avec furie
    Le plus terrible des enfans
Que le nord eût porté jusque-là dans ses flancs.
    L'arbre tient bon ;
             Le roseau plie :
    Le vent redouble ses efforts ,
    Et fait si bien qu'il déracine
Celui de qui la tête au ciel étoit voisine ,
Et dont les pieds touchoient à l'empire des morts.

   Ailleurs, c'est la grenouille qui pour égaler le
bœuf en grosseur :
Envieuse s'étend ,
        Et s'enfle ,
           Et se travaille ,
   Disant :
        Regardez bien , ma sœur ;
Est-ce assez , dites-moi ?
        N'y suis-je point encore?
Nenni.
    M'y voici donc ?
         Point du tout.
           M'y voilà ?
Vous n'en approchez pas.
       La chétive pécore
  S'enfla si bien qu'elle créva.

   Il est incontestable que de tels morceaux lus ou
récirés simplement comme ils sont imprimés ici,
indépendamment des tons qui conviennent au discours, auront toujours assez de grâce dans la bou-
che d'un enfant , et feront voir en lui , sinon
beaucoup de goût , du moins assez de bon sen

            Q

et d'intelligence. Et que veut-on de plus à son âge ?
Attendons que l'esprit et la raison soient formés
en lui, et alors nous lui permettrons d'essayer de
faire sentir aux autres les beautés qu'il sentira
lui-même. Alors le sens lui rendra raison des points;
au lieu que quand il étoit encore enfant, les points
lui rendoient raison du sens : il séparera de même
qu'autrefois les phrases les unes des autres ; mais
avec cette différence qu'il entrera dans l'esprit de
l'auteur, en les distinguant par des repos. Il dira
comme il faisoit jadis :

> Du palais d'un jeune lapin
> Dame belette un beau matin
> S'empara.

Mais ce ne sera plus uniquement parce qu'il y a
un point après ce mot *s'empara*, qu'il s'y arrêtera ;
ce sera plutôt parce que ce mot peint l'action de la
belette, et qu'il est rejetté à l'autre vers pour attirer sur soi toute l'attention de celui qui lit ou qui
écoute.

A cette manière intelligente de couper les vers
sans aucun égard à la mesure, et seulement suivant que le point l'exige, il joindra les tons qui
sont comme les couleurs dans un tableau.

Mais ceci est un nouveau travail qui demande
une attention extrême, un esprit fin, un goût
sûr, et pour lequel il faut des détails dont cet ouvrage n'est pas susceptible.

INTRODUCTION
A L'ÉTUDE
DE L'HISTOIRE ET DE LA GÉOGRAPHIE,

OU

EXPLICATION DES TERMES

propres à ces deux Sciences.

TERMES PROPRES A L'HISTOIRE.

L'HISTOIRE embrasse la connoissance des événemens et des faits qui se sont passés dans l'univers, depuis le moment de sa création. Cette connoissance nous a été transmise par tradition ou par écrit.

Première division de l'Histoire en général.

La tradition, autrement dite l'histoire orale ou de bouche, est le recueil des récits faits par les premiers hommes à leurs enfans de tout ce qui étoit arrivé digne de remarque pendant le cours de leur vie.

L'histoire écrite comprend tous les faits dont la mémoire s'est conservée par l'écriture ou par quelqu'autre signe expressif et permanent.

L'histoire en général a pour objets :

1°. Les faits considérés en eux-mêmes ; indépendamment de toute autre attention.

Q 2

2.° Les différens degrés de certitude qui forment plus ou moins de probabilité.

3.° L'ordre des temps ou la chronologie qui les lie, en observant entr'eux la distance précise qui les sépare.

4°. La description des lieux ou la géographie, qui assigne aux événemens leur véritable place dans l'univers.

Premier objet de l'Histoire.

Les faits considérés en eux-mêmes émanent de Dieu, de l'homme ou de la nature. Emanés de Dieu, ils appartiennent à l'Histoire sacrée. Œuvres des hommes, ils appartiennent à l'histoire profane. Effets de la nature, ils appartiennent à l'Histoire naturelle.

L'Histoire sacrée a pour objet le rapport immédiat et direct de l'Être-suprême avec les créatures.

Cette histoire se divise en histoire ecclésiastique proprement dite, et en histoire des prophéties.

L'histoire ecclésiastique proprement dite est celle des faits dont l'événement a précédé le récit.

L'Histoire des prophéties est celle dont le récit a précédé et annoncé l'événement.

L'homme considéré dans ses rapports avec Dieu présente le tableau de sa soumission ou de ses infidélités aux lois de son créateur ; ce qui forme l'histoire ou le recueil de tous les préceptes divins ou naturels, où il retrace l'histoire de l'exactitude et de l'oubli de l'hommage dû à la divinité, et celle des changemens légitimes ou criminels introduits dans le culte : ce qui forme l'Histoire de la Religion.

Dieu en divers temps a donné trois lois différentes. Ces lois sont, la loi de nature non écrite, donnée à tous les hommes ; la loi de nature écrite, donnée aux Juifs, nation par lui choisie à l'exclusion des autres peuples ; et la loi de grace également donnée au Fidèle et à l'Idolâtre, aux Juifs et aux Gentils.

La loi de nature non écrite commença à la création, et dura jusqu'au vingt-sixième siècle. La loi de nature écrite fut dictée par Dieu même à Moïse, pour remplacer la loi de nature non écrite, que la plupart des hommes avoient défigurée. La loi de grace vint suppléer à l'insuffisance de la loi de nature écrite. C'est à la naissance de Jesus-Christ, au quarantième siècle, que le genre humain est redevable de ce bienfait.

De ces trois lois nâquirent trois religions, la Naturelle, la Juive et la Chrétienne. La Religion naturelle, défigurée, produisit le paganisme ; et Mahomet forma la sienne du mélange absurde de trois religions.

L'Histoire profane embrasse toutes les actions générales ou particulières de différentes sociétés humaines, leurs établissemens, leurs alliances entr'elles, leurs guerres, leurs vices, leurs vertus, leurs découvertes, leurs observations, et par conséquent tous les différens progrès du génie et des arts.

L'histoire naturelle est celle de tous les effets de la nature considérée dans toutes ses parties, depuis les astres jusqu'aux animaux et aux végétaux.

L'histoire universelle est celle qui réunit les événemens sacrés, profanes et naturels.

Second objet de l'Histoire. Les Preuves de sa certitude.

La certitude que produit l'histoire orale ou de bouche, dérive de la persuasion où l'on a été dans chaque âge que les faits dont elle nous a conservé

Q 5

le souvenir , avoient passé de générations en générations sans aucune altération ; la tradition qui en
a perpétué la mémoire ayant été générale , cons-
tante , et remontant jusqu'au temps des événemens mêmes.

C'est par l'existence des monumens , par les actes , les titres , les pièces écrites du temps des
événemens , par les ouvrages des différens historiens qui ont été témoins des faits qu'ils racontent,
ou qui ont travaillé sur les mémoires de ceux qui
les avoient vus , que l'histoire écrite établit la certitude des faits qu'elle nous a transmis.

Troisième objet de l'Histoire. La Chronologie.

La Chronologie forme la chaîne générale des
événemens que l'histoire reproduit , pour ainsi
dire , dans l'ordre des temps où ils sont arrivés.

L'histoire conduite par la chronologie , est la
science des temps , des dattes et des époques.

Le temps se partage en jours , en semaines , en
mois , en années et en siècles.

L'on appelle jour une révolution de vingt-quatre
heures : une semaine en comprend sept. Une
année est composée de trois cents soixante-cinq
jours , ou de douze mois. Cent années forment un
siècle.

Les Grecs partageoient leurs temps historiques
par Olympiade. C'étoient des espaces de quatre
ans , qui se comptoient d'une célébration des jeux
olympiques à l'autre.

C'est à l'établissement du cens terminé par une
purification qu'on nommoit *lustrum* , qu'on fait
remonter chez les Romains l'usage de compter par
lustres. Ce dénombrement se faisoit tous les cinq
ans. Un lustre est une période de cinq années.

Le temps divisé en siècles , en années , en

mois, en semaines et en jours, est la continuité de la durée des êtres.

Les dates sous lesquelles les événemens sont rangés, sont les différens points de cette durée.

Les époques sont prises des dates de quelques événemens plus remarquables que les autres, déterminées par les Chronologistes.

Il y a trois systêmes de Chronologie qui étendent et resserrent l'espace de temps qui s'est passé entre la création et l'année où nous vivons. Ces trois systêmes ont pris leurs noms de différens textes de l'Ecriture-Sainte qu'ils suivent, qui sont le texte Hébreu, le texte Samaritain, et le texte des Septante.

La chronologie des Septante assigne au monde une durée de 7435 ans : le texte Samaritain compte 6501 ans. La chronologie du texte Hébreu que nous suivons, borne cette durée à 5805 ans.

Les temps plus ou moins éloignés donnent à l'Histoire le caractère d'ancienne ou de moderne.

Seconde division de l'Histoire en général. Durée du temps qu'elle embrasse.

L'Histoire ancienne est celle des événemens qui ont précédé la naissance de J. C.

L'histoire moderne est celle qui rapporte ce qui est arrivé depuis J. C. jusqu'à ce jour.

On compte quarante siècles ou quatre mille ans, depuis la création jusqu'à la naissance du Messie, et environ dix-huit siècles depuis cet événement jusqu'à nous : ce qui forme en tout cinquante-huit siècles.

Troisième division de l'Histoire par ses différens âges

L'Histoire ancienne et moderne se divise ordinairement en âges et en époques. Ces âges et ces époques sont marqués par des événemens fameux.

On compte sept âges du monde.

Le premier âge a commencé à la création et finit au déluge, au dix-septième siècle.

Le second âge dure depuis le déluge universel jusqu'à la vocation d'Abraham, au vingt-unième siècle de l'an 2083, pendant une suite d'un peu plus de quatre siècles ou de quatre cent vingt-sept ans.

Le troisième âge commençant à Abraham finit à Moïse, au vingt-sixième siècle, ou l'an 2513 ; sa durée est d'un peu plus de quatre siècles, ou de quatre cents trente ans.

Le quatrième âge a commencé à la sortie des Israëlites de l'Egypte, et a fini au règne de Salomon, au trentième siècle, ou l'an 3000, après une durée de près de cinq siècles ou de quatre cents quatre-vingt-sept ans.

Le cinquième âge comprenant une durée de plus de quatre siècles et demi, ou de quatre cent soixante-huit ans, commence à la consécration du premier temple bâti en l'honneur du vrai Dieu, par Salomon, et finit au rétablissement des Juifs au trente-cinquième siècle, l'an 3468.

Le sixième âge finissant à la naissance de Jésus-Christ, au quarantième siècle, ou l'an 4000, a duré depuis la fin de la captivité des Juifs, pendant un espace de plus de cinq siècles, ou de cinq cents trente-deux années.

Le septième âge a commencé à la naissance du Messie, et dure encore.

Quatrième division de l'Histoire en dix-neuf époques.

C'est l'Histoire sacrée qui fournit les événemens dont les sept âges portent le nom ; il n'en est

pas de même des époques prises indistincte-
ment dans l'Histoire sacrée et dans l'Histoire profane. Ces époques, au nombre de dix-neuf,
sont :

Première époque : la création de l'univers. Cette
époque dure seize siècles et demi ; elle finit au déluge, au dix-septième siècle.

Seconde époque : le déluge arriva l'an 1656, au
dix-septième siècle. Cette époque dure 427 ans, et
finit à la vocation d'Abraham.

Troisième époque : la vocation d'Abraham au
vingt-unième siècle, l'an 2083. Cette époque
dure 430 ans ; elle finit à Moïse ou au temps de la
loi écrite.

Quatrième époque : Moïse ou la loi écrite, au
vingt-sixième siècle, l'an 2513. Cette époque finit
à la prise de Troie ; elle dure 307 ans.

Cinquième époque : la ruine de Troie, au vingt-
neuvième siècle, l'an 2801. Cette époque finit à
la construction du Temple, et dure 180 ans.

Sixième époque : le temple de Jérusalem, bâti
au trentième siècle, l'an 3000. Cette époque finit
à la fondation de Rome ; elle dure 250 ans.

Septième époque : Rome fondée par Romulus,
au trente-troisième siècle, l'an 3250. Cette époque
finit à Cyrus, ou au rétablissement des Juifs ; elle
dure 218 ans.

Huitième époque : Cyrus ou le rétablissement
des Juifs, au trente-cinquième siècle, l'an 3468.
Cette époque dure 180 ans ; elle finit à la naissance d'Alexandre.

Neuvième époque : la naissance d'Alexandre le
Grand, au trente-cinquième siècle, l'an 3648.
Cette époque finit à la destruction de Carthage :
elle 210 ans.

Dixième époque : la destruction de la ville de

Carthage par Scipion-Emilien , au trente-neuvième siècle , l'an 3858. Cette époque dure 142 ans ; elle finit à la naissance de Jesus-Christ.

Onzième époque : la naissance du Messie , au quarantième siècle , l'an 4000. Cette époque dure 336 ans ; elle finit à Constantin.

Douzième époque : Constantin , ou la paix rendue à l'Eglise par cet Empereur , au quarante-quatrième siècle , ou l'an 312 de l'Ere vulgaire. Cette époque finit à la fondation de la monarchie françoise ; elle dure 169 ans.

Treizième époque : fondation de la monarchie françoise, par Clovis , au quarante-cinquième siècle , l'an de l'Ere vulgaire 481. Cette époque finit à Charlemagne ; elle dure 319 ans.

Quatorzième époque : Charlemagne , ou fondation du nouvel Empire d'Occident , au quarante-huitième siècle , l'an de l'Ere vulgaire 800. Cette époque dure 187 ans ; elle finit à Hugues-Capet.

Quinzième époque : Hugues-Capet , ou troisième race des Rois de France sur le trône , au cinquantième siècle , l'an de l'Ere vulgaire 987. Cette époque finit à Saint Louis ; elle dure 283 ans.

Seizième époque : Saint Louis , ou la fin des croisades , dont la dernière au cinquante-troisième siècle , ou l'an de l'Ere vulgaire 1270. Cette époque finit à Henri IV : elle dure 323 ans.

Dix-septième époque : Henri IV , ou la branche des Bourbons sur le trône de France , au cinquante-sixième siècle , l'an 1589 de l'Ere vulgaire. Cette époque dure 49 ans ; elle finit à Louis XIV.

Dix-huitième époque : la naissance de Louis XIV , au cinquante-septième siècle , l'an de l'Ere vulgaire 1638. Cette époque dure 72 ans.

Dix-neuvième époque : la naissance de Louis XV, au cinquante-huitième siècle, l'an de l'Ere vulgaire 1710. Cette époque a duré soixante-quatre ans.

Définition des différentes Eres.

Les Espagnols ont introduit dans la chronologie l'usage des Eres. Les Eres sont des époques déterminées par différentes Nations, et adoptées par elles pour fixer l'éloignement des faits qui ont suivi les événemens mémorables, d'après lesquels elles ont commencé à compter leurs années.

Les Eres les plus rematquables sont la première olympiade.

L'Ere de Nabonassar, roi de Babylone, qui a commencé à régner au trente-troisième siècle, ou l'an 3257.

L'Ere de Séléucides, connue sous le nom des *années des Grecs*, et adoptée par les Juifs soumis à la domination de ces peuples. Elle a commencé au trente-septième siècle, ou l'an 3692.

La première année Julienne, au quarantième siècle. Cette année commence à la réformation du Calendrier, par Jules-César, l'an 3959.

L'Ere d'Espagne, au quarantième siècle, commence à la réduction entière de cette partie de l'Europe sous la puissance des Romains, l'an 3966.

L'Ere vulgaire imaginée par *Denys le petit*, commence au quarante-unième siècle, ou l'an 4004 du monde. Cette année répond à la quatrième année de Jesus-Christ.

L'Ere de Dioclétien commence au quarante-troisième siècle, ou l'an 284 de l'Ere vulgaire.

L'hégire, où la fuite de Mahomet, arrivée le 16 juillet de l'an 622 de l'Ere vulgaire.

Cette Ere, suivie par les Arabes, commence au quarante septième siècle.

Cinquième division de l'Histoire en ses différentes périodes.

Le peu d'événemens que présente l'histoire des temps qui ont précédé le déluge, l'incertitude de ceux qui sont arrivés dans les siècles qui l'ont suivi, ont fait partager l'histoire en trois grandes périodes. La première, depuis la création jusqu'au déluge remplit un espace de dix-sept siècles et demi. La seconde, depuis le déluge jusqu'à la première olympiade, comprend une révolution d'environ seize siècles. La troisième, depuis la première olympiade jusqu'à présent, embrasse une durée de plus de vingt-cinq siècles et demi.

La première période est presque entiérement inconnue : on ne découvre rien dans les historiens de relatif à cette période, qui puisse présenter un caractère de vérité, excepté dans deux ou trois écrivains cités par Joseph, dont les récits touchant le déluge et les temps qui l'ont précédé, s'accordent à plusieurs égards avec les écrits de Moïse.

La seconde période est le temps héroïque ou fabuleux, ainsi nommé à cause des fables qui se trouvent mêlées dans l'histoire de ce temps. C'est dans cet intervalle qu'il faut placer l'origine des Dieux et des Héros que tous les peuples ont honorés d'un culte particulier.

La troisième période est la période Historique : depuis ce temps, la plupart des événemens se trouvent assujettis à des dates réglées. On peut recourir aux monumens publics, consulter et comparer les témoignages des historiens contempo-rains, et présenter avec confiance le tableau véritable des révolutions de l'univers.

Ij

DE L'ORTOGRAPHE FRANÇOISE. 193

Il faut observer que cette division de l'histoire en temps historiques , fabuleux et inconnus ne peut convenir qu'à l'histoire profane , et ne pas perdre de vue que l'histoire sainte , fondée sur la révélation , la tradition et le témoignage constant de toute une nation subsistante en corps , témoignage contre lequel nul des Hébreux n'a jamais réclamé , porte avec elle les marques les plus évidentes de cette vérité incontestable.

Sixième division de l'Histoire en millénaires et en siècles.

La division la plus naturelle de l'histoire , partage la durée des temps qui nous séparent de la première époque en six millénaires , composés chacun de mille ans ou de dix siècles , placés perpendiculairement les uns sur les autres. Dans cette division , les cinquante-sept siècles et demi qui se sont écoulés depuis la formation du monde , sont distingués par des dénominations particulières ; ces dénominations sont prises des événemens les plus remarquables , des découvertes et des institutions les plus utiles à l'humanité.

Quatrième objet de l'Histoire. La Géographie.

Le secours de la Géographie est indispensablement nécessaire à l'intelligence de l'histoire ; c'est par la description des différentes parties du globe , qu'on peut acquérir une connoissance exacte et précise des événemens qu'elle a rapportés.

R

TERMES PROPRES A LA GÉOGRAPHIE.

Dans le temps de la création, la terre a été séparée des eaux ; le soleil et les astres ont été placés dans le firmament, suivant les ordres de l'Arbitre de l'univers. La considération de ces merveilles, leur description, voilà quel est l'objet de la Géographie. Elle embrasse toutes les différentes parties du globe terrestre, leur rapport avec le ciel, et tout ce qui est sur la surface de la terre, tire son origine de l'institution des hommes. Ainsi cette science peut être divisée d'abord en Géographie naturelle, en Géographie astronomique, en Géographie historique.

GÉOGRAPHIE NATURELLE.

La Géographie naturelle est la description simple de la terre et de l'eau. Elle désigne les divisions que ces deux élémens ont formées sur la surface du globe. Elle représente la mer, les continens, les isles, les isthmes, les détroits, les fleuves, les lacs, les montagnes.

La Géographie naturelle ou la description du Globe, comprend la géographie proprement dite et l'Hydrographie.

La Géographie proprement dite, est la description particulière de la terre. L'hydrographie est la description particuliere de l'eau.

La Géographie proprement dite, admet encore une autre division, lorsqu'on la considère par rapport à l'étendue du pays qu'elle entreprend de décrire. Embrasse-t-elle la description générale du globe, c'est la Cosmographie. S'arrête-t-elle aux détails principaux d'une partie considérable de la terre, on la nomme Chorographie. Marque-t-elle toutes les particularités d'une étendue de terrain de médiocre grandeur, on la distingue sous la dénomination de Topographie.

Le globe terrestre se partage en terre ferme et en mers. Les plus grandes étendues de terre environnées d'eau s'appellent continens ou terres fermes. La mer est cet amas immense d'eau qui environronne les continens.

L'assemblage des eaux de toutes les mers s'appelle l'Océan. Le nom d'Océan, qui semble devoir être commun à toutes les mers, est appliqué particulièrement à celle qui environne l'ancien continent.

Les deux portions générales du globe appelées Terre ferme et Mer, s'étendent réciproquement l'une dans l'autre. Toutes deux ont des limites qui les circonscrivent et les bornent. Les noms de ces circonscriptions sont différens et opposés, quoiqu'ils aient quelques rapports entr'eux. La terre s'avance dans l'eau, l'eau à son tour s'avance dans la terre. Il y a des parties de terre absolument environnées d'eau : on trouve des assemblages d'eaux que la terre entoure de tous côtés.

La mer qui embrasse les continens, en pénétrant leur intérieur, forme, par le partage de ses eaux, des mers intérieures, auxquelles on donne les noms de Méditerranée, de Golfes, de Baies, d'Anses.

On appelle mer Méditerranée une portion considérable des eaux de la mer qui sépare plusieurs régions de la terre entre lesquelles elle se trouve resserrée. Un Golfe est une portion de la mer qui s'avance dans les terres, excepté dans un endroit par où elle communique à la mer ou à quelque autre Golfe. La Baie est un diminutif du Golfe L'Anse est un diminutif de la Baie.

R 2

La communication de ces différentes parties de la mer se fait par des canaux que l'on appelle Détroits, à cause de leur peu d'étendue entre les terres qui les resserrent. On les désigne encore par les mots de Manche, de Pas, de Canal, de Pertuis, de Bosphore, d'Euripe.

On divise la mer en haute mer et en rivages. On appelle haute mer la partie éloignée des terres. On désigne, sous le nom de rivages, les parties de la mer qui baignent les côtes, et qui règnent le long des terres. On donne aussi communément le nom de rivages aux terres qui sont lavées par les eaux de la mer.

Les rivages présentent ou des Ports, qui sont des portions de la mer resserrées dans les terres, qui servent de retraite aux vaisseaux contre le mauvais temps, ou des Rades qui sont des espaces de mer peu éloignées des terres, où les vaisseaux peuvent mouiller et être à l'abri de certains vents; ou des Plages, qui sont des surfaces d'eau de médiocre hauteur, étendues sur un terrain uni, ou des Falaises, qui sont des endroits où la mer vient se briser contre des rocs escarpés. Le mer, en baignant les rivages, y rassemble d'espace en espace des collines de sable ou de cailloutages qu'on appelle Dunes.

On trouve encore sur le globe terrestre des amas ou des courans d'eau qui n'appartiennent point à la mer, quoique quelques-uns s'y précipitent. On appelle Lac une étendue d'eau réunie au milieu des terres, sans aucune issue et sans aucun cours. Il sort d'une infinité d'endroits de la terre des sources qui se rassemblent dans leur cours et forment des canaux qu'on appelle Rivières ou Fleuves. La longueur du cours, la largeur du lit, distinguent les Fleuves des Rivières. Les Fleuves sont plus considérables. Ces courans d'eau se perdent les uns dans les autres, ou vont se jeter dans la mer. On appelle Embouchure le lieu où leurs eaux se mêlent, soit avec les eaux d'une Rivière, soit avec celles d'un Lac, soit avec celles de la mer.

Les Torrens sont des espèces de lits de Rivière qui se remplissent, par intervalles, des eaux provenantes des pluies ou de la fonte des neiges, et qui demeurent à sec après leur écoulement.

Les Rivières sont comme le reste de la surface de la Terre. Leurs lits ne sont pas toujours unis : il en est où il se rencontre des hauteurs. Ces inégalités suspendent le cours des eaux qu'elles rassemblent en plus grande quantité : devenues plus rapides et plus élevées par cet accroissement, elles franchissent les obstacles qui les arrêtoient, et se précipitent avec impétuosité. On appelle ces hauteurs cataractes. Les plus connues sont celles du Nil.

Indépendamment des Rivières et des Lacs formés par la Nature, il y a des amas ou des cours d'eau formés par les hommes, qu'on peut regarder comme des Rivières ou des Lacs artificiels. On nomme Canal un courant d'eau qui coule dans un lit creusé par l'industrie humaine. On nomme Etang une pièce d'eau rassemblée dans un espace de terre où l'on a pratiqué un bassin pour lui servir de réservoir.

Ainsi que la masse des eaux prend divers noms, suivant la situation de ses parties et les différentes figures qu'elle décrit sur le globe : la terre partagée en diverses portions par le contour des eaux qui l'embrassent, ou par sa propre configuration, est désignée par des noms qui indiquent cette différence.

On donne le nom d'Isle à toutes les parties du globe qui s'élèvent au-dessus de la surface des

R 3

eaux dont elles sont exactement environnées.

On appelle Cap , Promontoire , Péninsule , toute partie de terre qui s'avance dans la mer.

Une Péninsule , ou Presqu'isle que les Anciens appeloient Chersonnèse , est une portion de terre environnée de tous côtés , excepté en un seul endroit , par lequel elle a communication , soit avec la terre ferme , soit avec une autre presqu'Isle.

Un Cap est une pointe de terre élevée qui s'avance dans la mer : on le distingue du Promontoire , en ce qu'il est plus élevé. Il faut observer qu'on appelle pointe toute terre avancée dans la mer , terminée par une pointe ou non.

Une Isthme est une langue de terre qui joint une presqu'Isle à la terre ferme , ou à d'autres presqu'Isles. On nomme Isthme généralement toute portion de terrain resserrée entre deux mers , qui réunit deux continens.

La terre ferme comprend quatre grands continens : l'ancien , le nouveau , les terres australes connues ou soupçonnées , et les terres arctiques , dont la configuration est encore bien moins déterminée.

Nous ne connoissons jusqu'ici que deux continens , l'ancien et le nouveau.

On comprend sous le nom d'ancien continent , cette portion de globe que nous habitons , et qui depuis la création a été connue en tout ou en partie. Cet ancien continent n'occupe guère que la septième partie de la surface de la terre. On le divise en trois parties : l'Europe , l'Asie , l'Afrique. Le nouveau continent est une autre grande partie de la terre , séparée de celle que nous habitons par l'Océan. Il fut découvert au cinquante-cinquième siècle par Christophe Colomb, Génois. On lui a donné le nom d'Amérique.

L'Europe est la partie la moins étendue de celles qui composent l'ancien continent ; elle peut avoir dans sa surface trois cents cinquante-sept mille lieues quarrées , chaque lieue de trois mille pas géométriques.

L'Asie est la plus considérable des trois parties de l'ancien continent ; elle a quatre fois plus d'étendue que l'Europe. Sa surface comprend environ douze cents vingt mille lieues quarrées.

L'Afrique contient au moins deux fois et demie l'étendue de l'Europe ; sa surface est de huit cents soixante treize mille lieues quarrées.

L'étendue de l'Amérique est-à-peu près égale à celle de l'Europe et de l'Asie prises ensemble.

Ces parties de la terre se divisent en grandes et moyennes régions. Les moyennes régions se subdivisent encore en portions plus petites qu'on appelle pays et contrées.

On distingue les régions en hautes et en basses , suivant leurs différentes situations près de la mer dont elles sont bornées , le cours des rivières qui les traversent , ou les montagnes qu'elles contiennent.

La terre , relativement à la mer qui l'environne , se divise en terres intérieures et en terres maritimes ou côtes.

Les inégalités qui se rencontrent sur la surface de la terre sont désignées par les noms de Montagnes , de collines et de Plaines. On appelle Montagnes toute élévation de terrain portée jusqu'à une hauteur considérable. On donne le nom de Chaîne à la jonction de plusieurs Montagnes contiguës les unes aux autres. La terre renferme dans son sein , des amas de matières combustibles ; ces matières s'enflamment et s'ouvrent des passages sur la superficie du globe. Les Montagnes où se rencontrent

quelques-unes de ces ouvertures, sont désignées
sous le nom de Volcans.

Les éminences de terre d'une élévation médiocre
s'appellent Collines. Les Côteaux sont des diminu-
tifs des Collines. On appelle Terres les plus petites éminences.

On nomme Pas, Cols, Gorges, les passages
qui séparent les Montagnes.

Les terrains unis, situés au pied des Montagnes,
sont appelés Vallées. Les Prairies sont les fonds
qui forment ces terrains. Lorsque ces fonds, se
trouvent situés entre deux Collines dont la pente
est douce, on les appelle des Vallons.

On donne le nom de Plaine généralement à tout
terrain uni. On appelle Campagne une Plaine d'une
très-grande étendue.

On appelle Désert toute partie de terre stérile et
inhabitée.

Il se trouve sur les Montagnes et dans les Plaines, des terrains entièrement couverts d'arbres :
on donne généralement à ces terrains le nom de
Bois. Ceux qui sont de la plus vaste étendue, sont
désignés sous celui de Forêts.

GÉOGRAPHIE ASTRONOMIQUE.

Ce globe que nous habitons, d'une si vaste étendue par rapport à nous, et qui ne forme qu'un
point dans l'immensité de l'univers dont il fait partie, est suspendu dans les plaines de l'air, et sou-
tenu par cette même puissance qui maintient les
lois invariables de l'équilibre de tous les corps. Sa
figure est sphérique, c'est-à-dire, ronde ; nous ne
pouvons juger de sa rondeur. Le court espace dans
lequel notre vue s'étend, est infiniment borné en
comparaison du reste que nous ne voyons pas ; il

ne permet à nos foibles yeux d'appercevoir ce qui
les frappe, que dans l'apparence d'une figure plane
qui s'agrandit de plus en plus à proportion que l'on
est plus élevé.

Comme il n'y a aucune position fixe d'où l'on
puisse déterminer la situation absolue des différentes parties de la superficie du globe terrestre, on
ne peut conséquemment y prendre les dimensions
précises qui puissent assigner et régler leur distance
entre elles. Pour suppléer à ce défaut, on a imaginé
dans le ciel divers cercles qui servent à le diviser
en parties déterminées, et qui donnent en même-
temps les positions fixes et nécessaires. On s'est
servi de ces mêmes cercles pour partager la terre,
en les appliquant aux lieux qui paroissent répondre
aux cercles marqués dans le ciel. La détermination
de ces cercles et la considération des différens rapports de la terre au ciel forment l'objet de la géographie astronomique.

Les principaux cercles sont l'Equateur, le Méridien, l'Horison, les Tropiques, les cercles Polaires.

L'Equateur est un cercle qui partage le globe en
deux portions égales; il est éloigné de quatre-
vingt-dix degrés des extrémités de la terre ou poles.
On l'appelle Equateur, parce que quand le soleil
se trouve dans ce cercle, il y a équinoxe par toute
la terre, c'est-à-dire, égalité de jour et de nuit.

On appelle Pôles du mode les deux extrêmités
de l'axe et de l'essieu sur lequel la révolution du
ciel paroît s'accomplir dans l'espace de vingt-quatre
heures. Ces deux extrêmités ne décrivent point de
cercles. Les deux Pôles sont désignés par des noms
différens : l'un s'appelle le Pôle Arctique, nom
qui lui a été donné de deux constellations sous lesquelles il se trouve situé, qui sont un assemblage

de plusieurs étoiles nommées par les Grecs *Aratos*, expression qui répond à celle d'Ourse en françois. L'extrêmité de la terre opposée au Pôle Arctique, se nomme le Pôle Antarctique.

On a dû observer par les définitions précédentes, que l'Equateur, autrement appelé ligne Equinoxiale ou simplement Ligne, est un cercle que l'on conçoit sur la surface de la terre et qui répond à l'Equateur du ciel : les Pôles sont les deux points qui terminent les extrêmités de son âxe. L'axe ou l'essieu est une ligne droite que l'on suppose traverser la terre par le centre et aboutir aux deux surfaces opposées de sa superficie, précisément semblable à l'axe ou essieu qui traverse le moyen d'une roue.

Le temps que l'on nomme midi dans chaque contrée est celui où le soleil, dans le cours de sa révolution journalière, se trouve parvenu sous le Méridien qui traverse cette contrée. Le Méridien est un cercle qui sépare le monde en deux moitiés, et que l'on conçoit passer par le Pôle du monde, et par le Pôle de l'horison, qu'il coupe en deux points diamétralement opposés ; ces deux points se nomment Septentrion et Midi ou Nord et Sud. La partie du monde qui s'étend depuis l'Equateur jusqu'au Pôle Arctique, se nomme Septentrionale ou Boréale, ou la partie du Nord ; l'autre moitié du globe se nomme Méridionale ou Australe, ou la partie du Sud.

L'Horison est le cercle qui sépare la moitié du ciel visible de l'autre moitié qui ne l'est pas. Il sert à marquer le lever et le coucher des Astres. Le point de l'Horison auquel le soleil paroît répondre à l'instant de son lever, les jours des équinoxes, est ce qu'on appelle le vrai Orient. Le point du même cercle diamétralement opposé, se nomme l'Occident vrai : ces deux points forment avec le Septentrion et le Midi, les quatre points cardinaux.

Il y a autant d'Horisons, qu'il y a de points sur la superficie du globe terrestre ; mais il faut qu'il y ait une certaine distance entr'eux, pour que leur différence soit sensible.

Les Tropiques sont deux cercles inférieurs à l'Equateur, dont ils sont éloignés de 28 degrés, 29 minutes. Il y en a deux : celui du Cancer ou de l'Ecrevisse, placé dans la partie Septentrionale ; et celui du Capricorne, placé dans la partie Méridionale.

Les cercles Polaires sont des cercles éloignés des Póles du monde de 23 degrés, 20 minutes, ainsi que les Tropiques le sont de l'Equateur.

Les Tropiques et les cercles Polaires séparent le ciel en cinq bandes ou Zones, dont une torride, deux tempérées et deux glaciales. On nomme Zone torride ou brûlée, l'espace compris entre les deux Tropiques; ceux que renferment les Tropiques et les cercles Polaires s'appellent Zones tempérées. Les Zones glaciales sont comprises entre les cercles Polaires et les Pôles.

On nomme Climat, un espace de terre compris entre deux cercles parallèles à l'Equateur. Les Climats se partagent en Climats d'heures et en Climats de mois. Un Climat d'heure est celui dont le jour est plus long d'une demi-heure en sa fin que dans son commencement. Le Climat de mois est celui dont le plus grand jour est plus long d'un mois en sa fin que dans son commencement.

La Latitude est la distance qu'il y a de l'Equateur à un lieu proposé, elle est ou Septentrionale, ou Méridionale, et se compte sur le Méridien.

La Longitude est la distance qu'il y a depuis le premier Méridien fixé à l'isle de Fer, la plus

Occidentale des isles de Canaries , jusqu'à un lieu proposé. Elle se compte toujours d'Occident en Orient sur l'Equateur , ou sur un cercle parallèle à l'Equateur.

GÉOGRAPHIE HISTORIQUE.

La Géographie historique est la description des lieux où se sont passés les événemens rapportés par l'histoire ; elle en indique la situation ; elle marque les distances qui les séparent : elle se divise en Géographie politique , Géographie sacrée , et Géographie ecclésiastique.

GÉOGRAPHIE POLITIQUE.

La Géographie politique est la description des parties de la terre , distinguée par différentes limites que l'ancienne possession , les conquêtes ou les traités de paix ont assignés aux différentes nations qui les habitent. Les diverses formes de gouvernemens donnent des noms différens aux parties de la terre que décrit la Géographie politique.

On nomme Empire , un état gouverné par un prince qui porte le titre d'empereur ; Royaume , celui qui est sous la domination d'un Roi ; République , celui qui est gouverné par l'autorité de plusieurs ; République aristocratique , celle qui est régie par un certain nombre de Nobles choisis ; République démocratique , celle où la puissance souveraine est exercée par le peuple.

Toute souveraineté est élective ou héréditaire. On appelle un Etat électif, celui où tout le peuple , ou seulement les grands , choisissent le Souverain. Un Etat héréditaire est celui ou la puissance souveraine est confiée aux réjetons d'une seule famille , qui se succédent par droit d'hérédité , sans

avoir

avoir besoin du consentement ou de la confirma-
tion des sujets, qui sont dans l'obligation légitime
de reconnoître son autorité.

On donne généralement le nom de Puissance à
toute Domination, Empire, Royaume ou République.

Les pays dépendans de chaque Etat, se subdivisent en Provinces et Gouvernemens commandés
par un Chef qui tient son pouvoir Souverain.

On donne le nom de Frontières à toutes les extrêmités des Etats, et celui de Limites à toutes les
extrêmités des Provinces contenues dans ces Etats.
Les Provinces limitrophes sont celles qui ont des
Limites communes.

On distingue le Genre-humain en diverses sortes
de Peuples, dont la manière de vivre caractérise la
différence.

On nomme peuples policés et civilisés, les Nations qui vivent sous un gouvernement, quel qu'il
soit, et qui observent des lois qu'elles ont adoptées
ou qu'elles se sont prescrites. On appelle Barbares
ou Sauvages, les Nations qui n'ont aucune forme
de gouvernement. On appelle Peuples errans et
vagabonds les Nations qui n'ont aucune demeure
fixe, et qui parcourent en corps de certaines parties de la terre, telles que les Tartares asiatiques et
les Sauvages de l'Amérique. On nomme Peuples
dispersés ceux qui, n'ayant aucune contrée qui
leur soit affectée, sont répandus dans les différentes parties de la terre, et composent cependant une
nation distincte des peuples parmi lesquels ils vivent; tels sont en Asie les Guèbres où les Anciens
Perses, adorateurs du feu; et sur-tout les Juifs,
qui formeroient aujourd'hui une nation très-nom-
breuse, s'ils étoient rassemblés de toutes les différentes parties de la terre qu'ils habitent.

S

GÉOGRAPHIE SACRÉE.

La Géographie sacrée est la partie de cette science qui se borne à la description des différentes régions de la terre qui peuvent avoir quelque rapport à l'histoire sacrée des Juifs et des Chrétiens.

GÉOGRAPHIE ECCLÉSIASTIQUE.

La Géographie ecclésiastique est la description du monde Chrétien, partagé en différentes Jurisdictions ecclésiastiques, telles que sont les Patriarchats, les Diocèses, Archidiaconats, etc. Cette division n'a lieu que dans la Géographie du moyen âge et dans la Géographie moderne.

La Géographie considérée comme description du globe, se distingue suivant le temps où l'on suppose que cette description a été faite. On assigne trois âges à la Géographie. Le premier âge est celui de la Géographie ancienne ; la Géographie du moyen âge lui a succédé ; et la Géographie moderne a servi d'éclaircissement aux deux précédentes.

La Géographie ancienne est la description de la terre, telle que l'ont connue les hommes depuis le moment de la création, jusqu'à la décadence de l'Empire Romain.

La Géographie du moyen âge est la description actuelle de la terre, tracée depuis la décadence de l'Empire, jusqu'au renouvellement des Lettres.

La Géographie moderne est la description actuelle de la terre, depuis le renouvellement des Lettres jusqu'à présent.

RÉCIT DE LA MOTR D'HIPPOLYTE.

THÉSÉE, roi d'Athène, et père d'Hippolyte, avoit épousé en secondes noces Phèdre, fille de Minos et de Pasiphaé. Comme il craignoit que son fils ne regardât pas de bon œil sa belle-mère et les enfans qu'il en auroit, il l'envoya chez son aïeul Pithée, à Trézène. Phèdre y vit Hippolyte dans un voyage où elle accompagna Thésée. Là elle conçut une violente passion pour ce jeune prince, et elle osa la lui déclarer; mais comme elle vit qu'elle ne lui inspiroit que de l'horreur, sa fureur jalouse la porta à l'accuser auprès de Thése, d'avoir voulu attenter à son honneur. Ce malheureux roi la crut, et dans un mouvement de colère il pria Neptune de venger ce crime prétendu. Le Dieu l'exauça. C'est Théramène, qui avoit été gouverneur d'Hippolyte, qui raconte à Thésée le cruel accident de la mort de son fils; et c'est le sujet de la narration suivante, qui est si célèbre. Tout le monde convient qu'elle est magnifique; on a trouvé même que si elle péchoit par quelqu'endroit, c'est qu'elle est trop fleurie étant dans la bouche d'un homme saisi de douleur, et qui raconte à un père la mort de son fils. Mais ce n'est pas dans ce point de vue qu'il faut l'examiner ici.

A peine nous sortions des portes de Trézène;
Il étoit sur son char, ses gardes affligés
Imitoient son silence autour de lui rangés.
Il suivoit tout pensif le chemin de Mycènes.
Sa main sur les chevaux laissoit flotter les rênes.
Ses superbes coursiers, qu'on voyoit autrefois,
Pleins d'une ardeur si noble, obéir à sa voix,
L'œil morne maintenant, et la tête baissée,
Sembloient se conformer à sa triste pensée.
Un effroyable cri sorti du fond des flots,

Des airs en ce moment a troublé le repos ;
Et du sein de la terre une voix formidable
Répond , en gémissant , à ce cri redoutable.
Jusqu'au fond de nos cœurs notre sang s'est glacé :
Des coursiers attentifs le crin s'est hérissé.
Cependant , sur le dos de la plaine liquide ,
S'élève à gros bouillons une montagne humide.
L'onde approche , se brise , et vomit à nos yeux ,
Parmi des flots d'écume , un monstre furieux.
Son front large est armé de cornes menaçantes ;
Tout son corps est couvert d'écailles jaunissantes :
Indomptable taureau , dragon impétueux ,
Sa croupe se recourbe en replis tortueux.
Ses longs mugissemens font trembler le rivage.
Le ciel avec horreur voit ce monstre sauvage ;
La terre s'en émeut , l'air en est infecté.
Le flot qui l'apporta , recule épouvanté.
Tout fuit ; et sans s'armer d'un courage inutile ,
Dans le temple voisin , chacun cherche un asile.
Hippolyte lui seul , digne fils d'un héros ,
Arrête les coursiers , saisit ses javelots ,
Pousse au monstre, et , d'un dard lancé d'une main sûre,
Il lui fait dans le flanc une large blessure.
De rage et de douleur le monstre bondissant
Vient aux pieds des chevaux tomber en mugissant ,
Se roule , et leur présente une gueule enflammée ,
Qui les couvre de feu, de sang et de fumée.
La frayeur les emporte ; et , sourds à cette fois ,
Ils ne connoissent plus ni le frein ni la voix.
En efforts impuissans leur maître se consume ;
Ils rougissent le mord d'une sanglante écume.
On dit qu'on a vu même , en ce désordre affreux ,
Un dieu , qui d'aiguillons pressoit leur flanc poudreux;
A travers les rochers la peur les précipite.
L'essieu crie et se rompt : l'intrépide Hippolyte

Voit voler en éclat tout son char fracassé ;
Dans les rênes lui-même il tombe embarrassé.
Excusez ma douleur ; cette image cruelle
Sera pour moi de pleurs une source éternelle.
J'ai vu , Seigneur , j'ai vu votre malheureux fils
Traîné par les chevaux que sa main a nourris.
Il veut les rappeler , et sa voix les effraie ;
Ils courent : tout son corps n'est bientôt qu'une plaie
De nos cris douloureux la plaine retentit.
Leur fougue impétueuse enfin se ralentit.
Ils s'arrêtent non loin de ces tombeaux antiques ,
Où des rois ses aïeux sont les froides reliques.
J'y cours en soupirant , et sa garde me suit ;
De son généreux sang la trace nous conduit ;
Les rochers en sont teints , les ronces dégouttantes
Portent de ses chevaux les dépouilles sanglantes.
J'arrive , je l'appelle ; et me tenant la main ,
Il ouvre un œil mourant , qu'il referme soudain.
» Le ciel , dit-il , m'arrache une innocente vie.
» Prends soin , après ma mort , de la triste Aricie (1).
» Cher ami , si mon père , un jour désabusé ,
» Plaint le malheur d'un fils faussement accusé ,
» Pour appaiser mon sang et mon ombre plaintive ,
» Dis-lui qu'avec douceur il traite sa captive ,
» Qu'il lui rende..... » A ce mot , ce héros expiré ,
N'a laissé dans mes bras qu'un corps défiguré :
Triste objet où des dieux triomphe la colère ,
Et que méconnoîtroit l'œil même de son père.

Phèdre de RACINE.

---

(1) Aricie étoit une princesse du sang royal d'Athènes. Elle
étoit aimée d'Hippolyte , qui se proposoit de l'épouser.

~~~~~~~~~~~~~~~~~~~~~~~~~~

AVIS AUX MAITRES.

*L'Allégorie du P. Brumoi, sur l'Edu-
cation, doit être la règle de la conduite des meilleurs Maîtres. Il com-
pare le maître d'éducation à un Oiseleur, et les enfans aux oiseaux qu'on
instruit. Il n'y a pas un trait dans
toute la pièce qui ne justifie la justesse de la comparaison. Il adresse
la parole à un Maître.*

Vous faites apprentissage
Dans le métier d'Oiseleur ;
Ce n'est pas un badinage ,
Et cet art veut un Docteur.

   Oiseaux d'espèce diverse
Vont exiger votre soin ;
Souffrez que je vous exerce ,
Et vous prépare de loin.

   Les oiseaux que l'on cajole ,
Négligemment et sans art ,
Pour fruit de ce soin frivole ,
Chantent souvent au hasard.

   Cet exercice pénible
Exige un talent heureux ;
Devenez, s'il est possible ,
Oiseau vous-même avec eux.

   Connoissez le caractère
De vos tendres Nourrissons ,
L'Oiseleur qui veut bien faire,
Y conforme ses leçons.

Craint , si vous le voulez être,
Gagnez pourtant leur amour ;
Ils savent trop vous connoître,
Et vous haïr à leur tour.

Par un éclatant ramage
Ne vous laissez point frapper;
Qui juge par le plumage ,
Est sujet à se tromper.

Point d'injuste préférence ,
Elle produit des jaloux.
Entr'eux nulle différence ,
Ils sont tous égaux pour vous.

Vous en verrez de volages ,
Fixez-les adroitement ;
Vous en verrez de sauvages ,
Corrigez-les doucement.

Mais par un air trop sévère
N'aigrissez point leur humeur ;
Il faut tempérer en père
La crainte par la douceur.

Il est une heureuse adresse
De faire goûter les Lois.
N'armez jamais de rudesse
L'air , le geste , ni la voix.

Sur l'Oiseleur , quoiqu'il fasse
Le jeune Oiseau se conduit ;
Et l'humeur du Maître passe
Dans l'Elève qu'il instruit.

Un Oiseau dans l'esclavage ,
Regrette sa liberté ;
Pour lui faire aimer sa cage ,
Il veut être un peu flatté.

Qu'un esprit doux et sincère
Se prête à toüs leurs besoins ;

Vous leur tenez lieu de mère,
Vous leur en devez les soins.

Par un trop long exercice
N'effrayez pas vos Oiseaux,
Que votre leçon mûrisse
Dans leurs débiles cerveaux.

La Leçon, pour être utile,
Doit leur plaire en s'apprenant;
Et jamais un Maître habile
N'instruira qu'en badinant.

Faites-leur aimer la gloire
En des combats innocens;
Récompensez la victoire
De leurs timides accens.

Une foible récompense
Animera leur essor;
D'un Elève qui commence
Louez jusqu'au moindre effort.

Frustré de votre espérance.
Ne vous rebutez jamais;
Le temps, la persévérance,
Ameneront le succès.

Peut-être, plein de colère,
Briserez-vous vos Pipeaux,
Mais tel qui vous désespère,
Peut répondre à vos travaux.

Apprénez que cette étude
Où votre esprit s'est fixé,
Est des Emplois le plus rude
Et le plus récompensé.

Mais du public avantage
Si votre cœur est épris,
Songez, Tircis, que le Sage
L'achète même à ce prix.

LA BELLE ÉDUCATION,

Par M. de FENÉLON, *Archevêque de Cambrai.*

RENDEZ au Créateur ce que l'on doit lui rendre.
Réfléchissez avant que de rien entreprendre.

Point de société qu'avec d'honnêtes gens ;
Et ne vous enflez pas de vos heureux talens.

Conformez-vous toujours aux sentimens des autres
N'exigez que très-peu qu'on se conforme aux vôtres.

Faites attention à tout ce qu'on vous dit :
N'affectez point sur-tout de montrer trop d'esprit.

N'entretenez personne au-delà de sa sphère ,
Taisez-vous , ou tâchez d'être toujours sincère.

Soyez officieux, complaisant , doux , affable ;
Toujours de bonne humeur, accessible et traitable.

Dans votre politesse ayez un air aisé ;
Ne décidez de rien qu'après l'avoir pesé.

Aimez sans intérêts , pardonnez sans foiblesse ;
S'il faut être soumis soyez-le sans bassesse.

Cultivez avec soin l'amitié de chacun ;
A l'égard des procès , n'en intentez aucun.

Soyez peu curieux des affaires des autres ;
Et , sans rien affecter , cachez toujours les vôtres.

Prêtez de bonne grace, avec discernement ;
S'il faut récompenser , faites-le sagement.

Et de quelque façon que vous puissiez paroître,
Que ce soit sans-éclat et sans vous méconnoître.

Compatissez toujours aux digraces d'autrui;
Supportez les défauts, soyez fidèle ami.

Surmontez les chagrins où l'esprit s'abandonne;
Et ne les faites point réjaillir sur personne.

Où la discorde règne apportez-y la paix;
Ne vous vengez jamais qu'à force de bienfaits.

Reprenez sans aigreur, louez sans flatterie :
Riez modérément, entendez raillerie.

Estimez tout le monde en sa profession;
Et ne critiquez rien par ostentation.

Ne reprochez jamais les plaisirs que vous faites,
Et mettez-les au rang des affaires secrettes.

Prévenez les besoins d'un ami malheureux :
Sans prodigalité rendez-vous généreux.

Modérez les transports d'une bile naissante :
Et ne parlez qu'en bien d'une personne absente.

Fuyez l'ingratitude et vivez sobrement;
Jouez pour le plaisir, et perdez noblement.

Parlez peu, pensez bien, et ne trompez personne,
Et faites toujours cas de ce que l'on vous donne.

Ne tyrannisez point vos pauvres débiteurs;
A personne, en un mot, ne montrez de hauteurs.

Ne divulguez jamais ce que l'on vous confie;
Au bonheur du prochain ne portez point envie.

Ne vous vantez de rien, gardez votre secret :
Après quoi mettez-vous au-dessus du caquet.

LES MAXIMES

DE 'L'HONNÊTE HOMME,

OU DE LA SAGESSE.

CRAIGNEZ un Dieu vengeur, et tout ce qui le blesse ,
C'est là le premier point qui mène à la sagesse.

Ne plaisantez jamais ni de Dieu ni des Saints :
Laissez ce vil plaisir aux junees libertins.

Que votre piété soit sincère et solide :
Et qu'à tous vos discours la vérité préside.

Tenez votre parole inviolablement :
Mais ne la donnez pas inconsidérément.

Soyez officieux , complaisant, doux, affable :
Poli , d'humeur égale , et vous serez aimable.

Du pauvre qui vous doit n'augmentez point les maux;
Payez àl'ouvrier le prix de ses travaux.

Bon père , bon époux , bon maître sans foiblesse ;
Honorez vos parens , sur-tout dans leur vieillesse.

Du bien qu'on vous a fait soyez reconnoissant ;
Montrez-vous généreux , humain et bienfaisant.

Donnez de bonne grace : une bonne manière
Ajoute un nouveau prix au présent qu'on veut faire.

Rappelez rarement un service rendu :
Le bienfait qu'on reproche est un bienfait perdu.

Ne publiez jamais les grâces que vous faites ;
Il faut les mettre au rang des affaires secrettes.

Prêtez avec plaisir , mais avec jugement ,
S'il faut récompenser , faites-le dignement.

Au bonheur du prochain ne portez pas envie :
N'allez point divulguer ce que l'on vous confie.

Sans être familier , ayez un air aisé :
Ne décidez de rien qu'après l'avoir pesé.

A la religion soyez toujours fidelle :
On ne sera jamais honnête homme sans elle.

Aimez le doux plaisir de faire des heureux ,
Et soulagez sur-tout le pauvre vertueux.

Soyez homme d'honneur et ne trompez personne.
A tous ses ennemis un cœur noble pardonne.

Aimez à vous venger par beaucoup de bienfaits.
Parlez peu , pensez bien , et gardez vos secrets.

Ne vous informez pas des affaires des autres ;
Sans air mystérieux dissimulez les vôtres.

N'ayez point de fierté : ne vous louez jamais ;
Soyez humble et modeste au milieu des succès.

Surmontez les chagrins où l'esprit s'abandonne :
Ne faites réjaillir vos peines sur personne.

Supportez les humeurs et les défauts d'autrui :
Soyez des malheureux le plus solide appui.

Reprenez sans aigreur , louez sans flatterie ;
Ne méprisez personne , entendez raillerie.

Fuyez les libertins , les fats , et les pédans ;
Choisissez vos amis ; voyez d'honnêtes gens.

Jamais ne parlez mal des personnes absentes ;
Badinez prudemment les personnes présentes ;

Consultez volontiers , évitez les procès ,
Où la discorde règne , apportez-y la paix.

Point de folles amours , ni de vin , ni de jeux ,
Ce sont là trois écueils en naufrages fameux.

Sobre pour le travail , le sommeil et la table ;
Vous aurez l'esprit libre et la santé durable.

Jouez pour le plaisir , et perdez noblement ;
Sans prodigalité dépensez noblement.

Ne perdez point le temps à des choses frivoles ,
Le sage est ménager du temps et des paroles.

Sachez à vos devoirs immoler vos plaisirs ;
Et pour vous rendre heureux modérez vos désirs.

Ne demandez à Dieu ni grandeur ni richesse ;
Mais pour vous gouverner demandez la sagesse.

FIN.

et terminé par un petit Traité de la Ponctuation; 1 vol. in-12. — 1 25

Oraisons choisies, contenant les Catilinaires, et les livres de la Vieillesse et de l'Amitié de Cicérou, traduits en français, le texte latin en regard, 3 vol. in-12. — 9

OEuvres complètes de Virgile, trad. par l'abbé Desfontaines, 4 vol. in-8°, belle édit. ornée de 16 jol. grav. en taille-douce. Prix. 16
— Le même, 4 vol. in-12. — 8
— Le même, 4 vol. in-18. — 3

OEuvres complètes de Berquin, 10 vol. in-12, ornés de 50 planches en taille-douce, dessinées et gravées à neuf. — 25

On vendra separément, pour les personnes qui le désireront,
L'Ami des Enfans et des Adolescens, 6 vol. in-12, ornés de 30 planches. — 18
Le Livre des Pères et Mères de Famille, ou Journal des Enfans, 1 vol. in-12. — 2
Le Petit Grandisson, 1 vol. in-12. — 2

OEuvres complètes de Salomon Gessner, précédées d'une notice sur sa vie, et ornées de trente-deux planches, contenant quarante-huit sujets gravés en taille-douce; nouvelle et jolie édition, 3 vol. in-12. — 8

OEuvres complètes de Boileau, 3 vol. in-18, jolie édit. ornée de figures. — 6

OEuvres de Salluste, traduction nouvelle, par M. Dureau de la Malle, 2 vol. in-12. — 6

OEuvres complètes d'Alexis Piron, 9 vol. in-12 ornés de son portrait. — 18

OEuvres choisies de Dumarsais, 6 vol. n-18. — 6
— de Moncrif, nouvelle édition, 2 vol. in-8°. fig. — 6

OEuvres de Boileau, nouvelle et jolie édition classique, ornée de son portrait; 1 vol. in-18. Prix : 1 fr. 50 cent.

Contes (les) de famille, 6 vol. in-18, fig. — 6
Codicile sentimental, 2 vol. in-18, fig. — 2
Les Cinquante Francs de Jeannette, 2 vol. in-18, fig. — 2
Les Petits Orphelins du Hameau, 4 vol. in-18, fig. — 4
Lolotte et Fanfan, 4 vol. in-18, fig. — 3
Les Soirées de la Chaumière, ou les Leçons du vieux Père, 8 vol. in-18, jolie édition. — 8
Les Journées au Village, ou Tableau d'une bonne famille, ouvrage où l'on trouvera des Contes, des Historiettes, des Apologues, etc. pour amuser utilement la jeunesse, 8 vol. in-18, ornés de 72 fig. — 12
Le Petit-Jacques et Georgette, 4 vol. in-12. — 5
— Les mêmes, 4 vol. in-18. — 3
Victor, ou l'Enfant de la Forêt, 4 vol. in-12, fig. — 6
— Le même, 4 vol. in-18, fig. — 4
Paul, ou la Ferme abandonnée, 4 vol. in-18, fig. — 4
Emilio, ou les Veillées de mon père, par M. Ducray-Duminil, faisant suite aux Soirées de la Chaumière, 4 vol. in-18, avec fig. en taille-douce. — 5
Le Bon Oncle et ses Neveux, 1 vol. in-18, fig. — 1 50

Livres de Piété, et autres.

Abrégé de l'Histoire Sainte, par demandes et par réponses, 1 vol. in-12 avec 1 grav. (petite édition) rel. en parchemin. Edition stéréotype. — 1

Evangile médité, et distribué pour tous les jours de l'année, 8 vol. in-12. — 10

Explication des Evangiles des Dimanches et de quelques-unes des principales fêtes de l'année, par M. de la Luzerne, évêque de Langres 5 vol. in-12. — 10

www.ingramcontent.com/pod-product-compliance
Lightning Source LLC
Chambersburg PA
CBHW062224270326
41930CB00009B/1854